CYSGOD YN Y COED

CYSGOD YN Y COED

STORÏAU I DDYSGWYR

Lois Arnold

Gomer

Argraffiad cyntaf – 2004
Ail argraffiad – 2014

ISBN 978 1 84323 370 1

Cyhoeddwyd dan gynllun comisiynu
Cyngor Llyfrau Cymru.

Dymuna'r cyhoeddwyr gydnabod cymorth
Cyngor Llyfrau Cymru.

*Argraffwyd a rhwymwyd yng Nghymru gan
Wasg Gomer, Llandysul, Ceredigion*

Cynnwys

Diolchiadau

Hoffwn ddiolch i Karen Thomas am fod yn diwtor ysbrydoledig ac yn ffrind cefnogol.

Diolch hefyd i Geraint Wilson-Price, Tiwtor/Trefnydd Cymraeg i Oedolion, Coleg Gwent, i Gyngor Llyfrau Cymru ac i Bryan James, Gwasg Gomer, am eu cymorth a'u cefnogaeth.

CYSGOD YN Y COED

'Sst!' dwedodd Megan yn sydyn. Roedd hi'n gwrando ar y newyddion.

'Mae ffermwr arall wedi gweld cath fawr yn Sir Gaerfyrddin. Gwelodd y ffermwr y gath yn ardal Llanbedr Iscoed neithiwr.'

'Llanbedr Iscoed!' dwedodd Bryn, mab Megan. 'Dim ond pum milltir i ffwrdd.'

'Roedd y ffermwr allan gyda'i ddefaid pan welodd e anifail mawr, du yn rhedeg i'r coed. Roedd cynffon hir gyda fe, ac roedd e'n edrych fel piwma neu banther, dwedodd y ffermwr. Dros y tri mis diwethaf mae nifer o bobl wedi dweud eu bod nhw wedi gweld cathod mawr yn yr ardal.'

'Pwy sy wedi gweld y gath, tybed?' dwedodd Gethin, tad Bryn. 'Efallai Dai Thomas, neu John Harris.' Roedd y teulu'n nabod pob ffermwr yn yr ardal.

'Efallai gwelwn ni'r gath,' dwedodd Bryn yn gyffrous. 'Dylen ni gario gwn pan 'dyn ni'n cerdded o gwmpas y fferm, rhag ofn i'r gath ddod ar ôl y defaid.'

'Does dim cathod mawr yma!' dwedodd Eluned, ei chwaer. 'Llwynog oedd e, mae'n siŵr. Mae cynffonnau hir gyda nhw.'

---

cysgod	*shadow*	cyffrous	*exciting*
cynffon	*tail*	llwynog	*fox*

'Ond basai ffermwr yn gwybod y gwahaniaeth rhwng llwynog a chath fawr!' atebodd Bryn. 'Dwedon nhw ar y newyddion ei fod e wedi gweld anifail mawr, du. Mae llwynogod yn fach, ac yn frown-goch!'

'Wel, mae'n anodd gweld pa mor fawr ydy rhywbeth yn y pellter,' dwedodd Gethin. 'Ac yn y nos mae popeth yn edrych yn ddu!' Cododd e o'i gadair ac aeth â'i blât a'i gwpan i'r sinc.

'Ond mae pobl eraill wedi'u gweld nhw, hefyd,' protestiodd Bryn, oedd yn meddwl basai hi'n gyffrous iawn gweld piwma neu banther. 'Gwelodd ffermwr gath fawr yn Llangadog ym mis Ionawr, cofiwch. Roedd hi wedi lladd ci bach. Roedd y ffermwr yn agos iawn ati hi. Ac roedd yr heddlu'n credu taw piwma oedd hi. Ro'n nhw'n barod i'w saethu!'

'Ond ffeindion nhw ddim byd,' atebodd ei dad. 'Ac ro'n nhw yno'n gwylio ddydd a nos. Beth bynnag, rhaid i mi fynd. Dw i eisiau trwsio'r ffens yn y cae isaf heddiw.' Trodd Gethin ac aeth allan o'r gegin.

'Mae rhaid i ti fynd hefyd,' dwedodd Megan wrth Bryn.

'Ond efallai dylwn i aros gartre, Mam,' dwedodd e. 'Beth os bydd cath fawr yn dod yma?'

'Paid â phoeni!' atebodd Megan, gan chwerthin. 'Bydda i'n mynd allan i helpu dy dad cyn bo hir. Byddwn ni'n cadw llygad barcud am y gath! Nawr bant â ti! Rwyt ti'n mynd i golli'r bws.'

gwahaniaeth	difference	cadw llygad barcud	to keep an eye out
pellter	distance		
lladd	to kill	bant â ti	off you go
saethu	to shoot	colli'r bws	miss the bus
y cae isaf	the bottom field		

Roedd Bryn yn y chweched dosbarth yn yr ysgol gyfun. I gyrraedd yr ysgol roedd rhaid iddo fynd ar y bws i'r dre, ddeg milltir i ffwrdd. Roedd llawer o'r plant eraill yn yr ysgol yn byw yn y dre. Ond amser cinio cafodd e gyfle i siarad â rhai o'r bechgyn a'r merched eraill oedd yn dod o ffermydd lleol. Roedd diddordeb mawr yn y stori am y gath fawr.

'John Harris sy wedi gweld yr anifail,' dwedodd Meleri, oedd yn byw ger Llanbedr Iscoed. 'Mae e'n ddyn call. Os ydy e'n dweud ei fod e wedi gweld cath fawr, dw i'n barod i gredu'r peth.'

'Dw i'n mynd allan heno gyda gwn,' dwedodd Bryn. 'Mae cath fawr yn gallu teithio pum milltir yn hawdd. Mae'n bosib daw hi i'n fferm ni!'

'Dw i'n dod â gwn hefyd!' cytunodd Gruff. 'Baswn i'n hoffi bod ar y newyddion – y person a saethodd y gath fawr!'

'Pam mae pawb eisiau saethu'r gath druan?' protestiodd Meinir, chwaer Meleri. 'Dydy hi ddim wedi gwneud dim byd i ni!'

'Ond beth am yr ŵyn?' dwedodd Bryn. 'Mae'n iawn i chi. Gwartheg sy gyda chi.' Roedd Meleri a Meinir yn byw ar fferm laeth yn y cwm. 'Ond collodd Gwen Thomas, Tyddyn Uchaf, ddau oen yr wythnos diwethaf,' aeth Bryn yn ei flaen. 'Efallai taw cath fawr aeth â nhw.' Tyddyn Uchaf oedd y fferm agosaf i fferm teulu Bryn. Roedd Gwen Thomas wedi ffonio i rybuddio rhieni Bryn bod anifail yn yr ardal yn lladd ŵyn.

---

call	*sensible*	gwartheg	*cattle*
oen (wyn)	*lamb(s)*	rhybuddio	*to warn*

'Ci sy wedi'u lladd nhw, siŵr o fod,' dadleuodd Meinir. 'Dw i'n casáu pobl sy'n mynd am dro yn y wlad ac yn gadael i'w cŵn redeg ar ôl defaid! Dylai rhywun saethu'r bobl dwp yna, yn lle mynd ar ôl cath sy ddim wedi brifo neb!'

Y munud yna clywodd y criw o bobl ifanc y gloch. Roedd amser cinio ar ben. Dechreuodd pawb gerdded yn araf yn ôl i'w dosbarthiadau.

Amser te'r prynhawn yna roedd Bryn a'i deulu'n gwrando ar y newyddion eto. Roedd eitemau am y Cynulliad ac am ffatri'n cau yn Aberteifi. Wedyn clywon nhw eitem fach am eu hardal nhw.

'Mae'r heddlu wedi dweud dylai ffermwyr yn Sir Gaerfyrddin fod ar eu gwyliadwriaeth. Gwelodd ffermwr yn ardal Llanbedr Iscoed anifail tebyg i gath fawr ddoe. Yn ôl yr Arolygydd Dafydd Roberts, dylai ffermwyr fod yn ofalus wrth fynd o gwmpas eu ffermydd gyda'r nos. Os ydyn nhw'n gweld unrhyw beth, dylen nhw ffonio'r heddlu. Ddylen nhw ddim ceisio saethu'r anifail. Mae anifail clwyfedig yn gallu bod yn beryglus, meddai'r Arolygydd Roberts.'

Ar ôl te cododd Bryn ac aeth allan o'r gegin. Gwelodd Megan e'n gwisgo'i got a'i welingtons.

'Wyt ti'n mynd allan i helpu Dad, Bryn?' gofynnodd hi iddo.

brifo	*to hurt*	yn ôl	*according to*
ar ben	*at an end*	Arolygydd	*Inspector*
ar eu gwyliadwriaeth	*watchful*	clwyfedig	*injured*
tebyg	*similar*		

'Ydw,' atebodd e. Roedd hi'n brysur iawn ar y fferm yn y gwanwyn. Ac roedd e'n mwynhau gweithio ar y fferm ar ôl ysgol.

'Wel paid ag aros allan yn rhy hwyr,' dwedodd Megan. 'Bydd hi'n dywyll cyn bo hir. A dw i'n siŵr bod gwaith cartre gyda ti i'w wneud.'

'Iawn, Mam!' atebodd Bryn. Aeth e at y cwpwrdd lle roedd ei dad yn cadw gwn dan glo.

'Dwyt ti ddim yn mynd â'r gwn, Bryn, wyt ti?' gofynnodd ei fam yn syn.

'Wel, ro'n i'n meddwl dylwn i, rhag ofn i mi weld rhywbeth,' atebodd Bryn.

'Cath fawr, wyt ti'n meddwl?' dwedodd Megan. 'Ond rwyt ti'n gwybod beth mae'r heddlu wedi'i ddweud! Mae'n beryglus i geisio eu saethu nhw. Os wyt ti'n poeni am gathod mawr, paid â mynd yn bell o'r tŷ.'

'Dw i ddim yn poeni, Mam!' protestiodd Bryn. Ac fe aeth e at y drws heb y gwn.

Pan aeth Bryn allan roedd ei dad yn dod dros y cae tuag at y tŷ.

'Shw' mae, Dad!' galwodd Bryn. 'Ydy popeth yn iawn?'

'Shw' mae,' atebodd Gethin. 'Ydy, mae popeth yn iawn. Gest ti ddiwrnod da?'

'Do, diolch. Dwyt ti ddim wedi gweld dim byd, felly?'

'Cath fawr?' gofynnodd Gethin. 'Nac ydw. Mae Mam a fi wedi bod o gwmpas y fferm drwy'r dydd. 'Dyn ni ddim wedi gweld dim byd.'

---

dan glo   *locked up*

'Wyt ti'n credu bod cathod mawr yn byw yng Nghymru, Dad?'

'Dw i ddim yn siŵr, Bryn. Ond dw i ddim yn poeni gormod. Os oes cathod mawr o gwmpas, maen nhw yno ers blynyddoedd. A 'dyn nhw ddim wedi gwneud dim drwg i ni.'

'Ond os ydyn nhw yno, pam does dim mwy o bobl wedi'u gweld nhw?'

'Wel, mae llawer o goed yma. A mynyddoedd. Basen nhw'n gallu cuddio'n ddigon hawdd.'

'Dyn ni'n agos at y coed yma!' dwedodd Bryn, gan bwyntio i fyny at y bryniau. 'Beth os bydd y gath yn dod i lawr a lladd rhai o'r ŵyn?'

'Dw i ddim yn meddwl basai hi'n dod yn agos iawn at y ffermdy,' atebodd Gethin. 'Ac mae'r ŵyn yn y cae isaf, ger y tŷ. 'Dyn ni'n gallu cadw llygad arnyn nhw yma. Ond mae'n debyg bod y gath wedi hen fynd erbyn hyn, os oedd cath yma o gwbl.'

Yn ei wely'r noson honno roedd Bryn yn dal i feddwl am y gath fawr. Aeth e at y ffenest sawl gwaith i edrych allan, ond doedd e ddim yn gallu gweld dim byd. Aeth e i gysgu yn y diwedd, ond dihunodd e'n gynnar iawn yn y bore. Roedd y tŷ'n dawel. Penderfynodd Bryn godi a mynd allan. Aeth e'n dawel iawn i lawr y grisiau. Gwisgodd e'i got fawr a mynd i nôl gwn ei dad. Doedd dim ots 'da fe beth oedd yr heddlu wedi'i ddweud, meddyliodd e. Roedd e'n saethwr da. Agorodd e'r drws cefn ac allan ag e.

---

wedi hen fynd	*long gone*	sawl gwaith	*several times*
yn dal i feddwl	*still thinking*	allan ag e	*out he went*

Y tu allan roedd hi'n dywyll o hyd. Penderfynodd Bryn gerdded dros y caeau i'r coed. Wedi cyrraedd y coed eisteddodd e ar goeden oedd wedi cwympo, i aros. Roedd hi'n oer iawn.

'Dylwn i fod wedi dod â fflasg,' meddyliodd e. Basai e wedi hoffi paned twym. Ond roedd e'n benderfynol o aros. Tasai cathod mawr o gwmpas, siŵr o fod basen nhw allan yn chwilio am fwyd pan oedd hi'n dywyll ac yn dawel, fel nawr.

Ar ôl tua awr clywodd Bryn yr adar yn dechrau canu. Ro'n nhw'n swnio'n hyfryd, meddyliodd e. Roedd e'n clywed yr adar bob dydd, wrth gwrs, ond doedd e ddim fel arfer yn eistedd yn dawel a gwrando. Gwelodd e fod yr awyr yn y dwyrain yn troi'n binc. Wedyn clywodd e'r cŵn defaid yn cyfarth i lawr yn y fferm. Fasai'r gath ddim yn dod nawr, meddyliodd. Roedd e'n teimlo'n oer ac yn anghyfforddus. Ac roedd eisiau bwyd arno fe. Cododd e o'r goeden a cherdded adre.

Yn yr ysgol amser cinio roedd criw o ddosbarth Bryn yn siarad unwaith eto am y gath fawr. Roedd rhai wedi bod allan yn chwilio, fel Bryn. Ond doedd neb wedi gweld dim.

'Does dim lot o siawns i chi weld y gath ei hun,' meddai Meleri. 'Ond os ydy hi yno, efallai byddwch chi'n gweld olion pawennau. Dwedodd Sioned Williams ei bod hi wedi gweld rhai yn y mwd ger eu fferm nhw.'

---

o hyd	*still*	cyfarth	*to bark (i.e. dog)*
yn benderfynol o	*determined to*	anghyfforddus	*uncomfortable*
y dwyrain	*the east*	olion pawennau	*pawprints*

'Sut mae olion pawennau piwma'n edrych, felly?' chwarddodd Gruff. 'Mae pob math o anifeiliaid yn gadael olion – cŵn, llwynogod, moch daear . . .'

'Maen nhw'n fawr, ac yn grwn, dw i'n credu,' atebodd Meleri'n ansicr.

Y noson honno roedd hi'n bwrw glaw. Ond pan ddihunodd Bryn y bore wedyn gwelodd e fod y glaw wedi stopio. Roedd hi'n mynd i fod yn ddiwrnod braf. Penderfynodd e fynd allan cyn brecwast. Efallai basai e'n gweld olion pawennau yn y mwd.

Cerddodd Bryn dros y caeau, y gwn dros ei ysgwydd. Doedd dim byd i'w weld. Roedd y defaid wedi bod yn cerdded yn y mwd ym mhobman. Dringodd e dros y ffens a dechrau dilyn nant fach. Roedd coed a llwyni'n tyfu bob ochr i'r nant. Efallai basai e'n cael gwell lwc yma. Cerddodd yn araf i fyny'r nant, gan edrych ar y llawr. Yma ac acw gwelodd olion pawennau, ond wrth edrych yn agosach, roedd e'n siŵr taw olion traed cŵn o'n nhw.

Ar ôl tri-chwarter awr o chwilio roedd Bryn wedi cyrraedd y coed ar ben uchaf y fferm. Penderfynodd e droi 'nôl a mynd adre. Roedd e wedi cael digon ar syllu ar y llawr a phenlinio yn y mwd. Ac roedd hi'n amser brecwast erbyn hyn, siŵr o fod. Ond yn sydyn, trwy gil ei lygad, gwelodd e rywbeth yn symud. Rhywbeth

---

mochyn daear	*badger*	pen uchaf	*the top end*
(*ll.* moch)		cael digon ar	*fed up*
llwyn (*ll.* llwyni)	*bush*	penlinio	*to kneel*
bob ochr i	*on both sides of*	trwy gil ei lygad	*out of the corner*
yma ac acw	*here and there*		*of his eye*

mawr, yn y coed i'r chwith iddo. Rhewodd Bryn. Wedyn dechreuodd e droi yn araf, araf iawn i wynebu'r peth. Ac yno, o'i flaen e, roedd y gath. Roedd hi'n sefyll yno, rhyw chwech neu saith metr i ffwrdd, yn syllu arno fe. Syllodd Bryn yn ôl arni. Roedd ei llygaid yn fawr ac yn euraidd. Roedd ei chot yn ddu ac yn sgleiniog. Doedd Bryn erioed wedi gweld anifail mor hardd. Dim ond am eiliad neu ddwy safodd y gath yno. Ond i Bryn roedd hi'n teimlo fel oriau. Yna trodd y gath a dechrau cerdded i ffwrdd yn urddasol. Nawr roedd Bryn yn gallu gweld y corff pwerus a'r gynffon hir. Cyn bo hir roedd y gath wedi diflannu rhwng y coed. Yn sydyn cofiodd Bryn am y gwn dros ei ysgwydd. Ond symudodd e ddim. Safodd e yno'n stond, yn syllu i'r coed.

Yn yr ysgol y bore yna roedd y criw arferol yn y iard yn siarad.

'Unrhyw newyddion, Bryn?' gofynnodd Gruff, pan ymunodd Bryn â'r grŵp o ffrindiau. 'Wyt ti wedi gweld unrhyw beth?'

'Nac ydw,' atebodd Bryn. 'Dim byd o gwbl.'

---

rhewi	*to freeze*	pwerus	*powerful*
euraidd	*golden*	sefyll yn stond	*to stand stock*
yn urddasol	*with dignity*		*still*

COLLI PWYSAU

1af Ionawr

Blwyddyn newydd dda! Dw i wedi penderfynu ysgrifennu dyddiadur. Dyma ddechrau blwyddyn newydd, a bywyd newydd i fi! Mae popeth yn mynd i newid y flwyddyn yma. Dyma beth dw i'n mynd i'w wneud:

1. colli pwysau
2. cadw'n heini
3. ffeindio swydd newydd
4. gwneud ffrindiau newydd (diddorol)

Dyna ddigon i ddechrau. Ond os ydy popeth yn mynd yn iawn mae pethau eraill dw i eisiau'u gwneud hefyd, fel symud tŷ. Wel, fflat. Ond bydd rhaid cael y swydd newydd yn gyntaf!

Beth bynnag, y peth pwysicaf ydy *colli pwysau*. Dw i'n mynd i ddechrau heddiw. Es i ar y glorian y bore 'ma am y tro cyntaf ers cyn y Nadolig. Ces i sioc. Mae'n bosibl bod rhywbeth yn bod ar y glorian (gobeithio!). Ac wrth gwrs mae pawb yn ennill pwysau dros y Nadolig. Ond mae rhaid i mi wynebu'r ffeithiau. Dw i'n rhy drwm. Dw i'n dew. (Ych! Mae hynny'n swnio'n

---

colli pwysau	*to lose weight*	ennill pwysau	*to put on weight*
clorian	*scales*	rhy drwm	*overweight*
rhywbeth yn bod ar	*something wrong with*		

ofnadwy!) Mae Gwyn yn dweud ei fod e'n fy hoffi i fel hyn. Mae e'n hoffi cael rhywbeth mae e'n gallu 'cael gafael ynddo', meddai e. Ond dw i ddim yn fy hoffi i fy hunan. Dyna pam dw i'n benderfynol y tro yma. Dw i'n mynd i golli pwysau. Dw i'n mynd i fod yn denau!

2ail Ionawr

Mae colli pwysau'n haws dweud na gwneud. Dw i wedi trio pob deiet dan haul. Deiet grawnffrwyth, deiet dim *carbohydrates,* deiet dim braster, deiet dim byd . . . Hefyd dw i wedi trio cyfrif calorïau, tabledi 'gwneud i chi beidio bod eisiau bwyd' ('dyn nhw ddim yn gweithio!), yfed diodydd ych-a-fi yn lle bwyta . . . popeth! Dw i wedi colli rhai pwysi o dro i dro, ond wedyn dw i wedi'u rhoi nhw ymlaen eto. Y tro 'ma dw i'n mynd i fod yn gall. Fydda i ddim yn ceisio colli pwysau'n rhy gyflym. Bwyta'n gall, dyna'r ateb. Bydda i'n bwyta llawer o salad a llysiau, a physgod a chyw iâr. Dim teisen, dim pwdin, dim siocled, dim sglodion (diflas!). A dw i'n mynd i yfed llawer o ddŵr. Maen nhw'n dweud dylech chi yfed dau litr o ddŵr bob dydd. Mae'n dda i chi. Ac mae eich bola'n llawn dŵr, felly dych chi ddim eisiau bwyd!

Dw i'n mynd i ymarfer corff, hefyd. Cerdded i ddechrau, wedyn loncian. Hoffwn i fynd i nofio, ond dim tan dw i wedi colli tipyn. Dw i ddim eisiau

cael gafael ynddo	*to get hold of*	ych-a-fi!	*yuck!*
meddai e	*so he says* (said)	pwysi	*pounds*
penderfynol	*determined*	o dro i dro	*from time to time*
haws dweud na gwneud	*easier said than done*	call	*sensible*
braster	*fat*	ymarfer corff	*to exercise*
		loncian	*to jog*

17

boddi pawb arall yn y pwll! A beth bynnag, baswn i'n teimlo bod pawb yn edrych arna i ac yn meddwl pa mor dew ydw i. Felly cerdded amdani! Dw i'n mynd i ddechrau'r prynhawn 'ma. Gobeithio bydd y glaw wedi stopio erbyn hynny.

3ydd Ionawr

Gwnes i'n dda ddoe. I ginio bwytais i gyw iâr, pys a thatws wedi'u berwi. Wedyn afal. Doedd dim byd da i swper, felly ces i dost heb fenyn (ych-a-fi!), ac wedyn oren. Es i am dro ddoe hefyd – cerddais i filltir, bron. Wel, hanner milltir, o leia. Roedd rhaid i mi ddod yn ôl wedyn achos bod y gwynt wedi torri fy ymbarél ac ro'n i'n wlyb at fy nghroen.

4ydd Ionawr

Roedd hi'n anodd neithiwr achos daeth Gwyn rownd i'r fflat gyda'r nos ac roedd e eisiau pizza a sglodion. Pan roiais i'r sglodion ar ei blât do'n i ddim yn gallu stopio fy hun rhag bwyta cwpwl. Wel, chwech neu saith, a dweud y gwir.

Dw i wedi dweud wrth Gwyn dylai e newid ei ddeiet hefyd. Nid bod angen colli pwysau arno fe! Mae e fel polyn. Dydy hi ddim yn deg. Mae e'n gallu bwyta popeth mae e eisiau heb roi owns ymlaen. Mae dim ond edrych ar deisen yn ddigon i mi. Mae Gwyn yn dweud

---

boddi	*to drown*	nid bod angen	*not that he needs*
yn wlyb at fy nghroen	*soaked to the skin*	colli pwysau arno fe	*to lose weight*
gyda'r nos	*in the evening*		

ei fod e'n cadw'n denau achos ei fod e'n fwy *active* na fi. Wel, faswn i ddim yn galw eistedd ar y soffa'n gwylio rygbi a phêl-droed ar y teledu yn *active*! Ond ddwedais i ddim byd.

Mae'n anodd teimlo fel cerdded yn y glaw. Efallai dylwn i brynu ci? Basai rhaid i mi fynd am dro wedyn. Ond dydy Gwyn ddim yn hoffi cŵn. A dydy hi ddim yn deg cadw ci mewn fflat ar y degfed llawr, beth bynnag. Ond dw i wedi cael syniad arall. Dw i'n mynd i brynu fideo *aerobics*. Bydda i'n gallu ymarfer corff gartre wedyn!

5ed Ionawr

Dw i wedi prynu fideo *Jane Fonda Workout*. Mae'n dweud ar y bocs bod pawb yn gallu cael corff fel Jane Fonda, os ydyn nhw'n gwneud yr ymarferion bob dydd. Roedd e'n ddrud – £13.99! Ond does dim ots, os dw i'n mynd i edrych fel Jane Fonda. Bydda i'n dechrau heno. Dw i ddim wedi dweud wrth Gwyn na neb yn y gwaith am y peth. Basen nhw'n siŵr o chwerthin wrth feddwl amdana i'n gwisgo leotard ac yn taflu fy hunan o gwmpas yr ystafell fyw. Nid bod leotard gyda fi. Dw i'n mynd i ddefnyddio fy hen wisg nofio. Mae un gyda fi o'r ysgol. Fydd neb yn gallu fy ngweld i beth bynnag.

Sut mae pobl yn gallu yfed dau litr o ddŵr mewn un diwrnod? Mae'n amhosibl! Mae'n od, achos dw i'n gallu yfed galwyni o goffi mewn diwrnod. (Tybed ydy coffi'n iawn, yn lle dŵr? Nac ydy, mae'n debyg.)

---

yn lle   *instead of*

Arhosodd Gwyn dros nos neithiwr, a doedd e ddim yn hapus pan godais i o'r gwely bob hanner awr i fynd i'r tŷ bach. Ond fel dwedais i wrtho fe, *'no pain, no gain'*, neu yn yr achos yma, 'dim poen, dim colli'!

6ed Ionawr

Mae pawb yn y gwaith yn gwybod erbyn hyn fy mod i ar ddeiet. Maen nhw fel yr 'heddlu bwyd', yn edrych ar beth dw i'n fwyta amser cinio. Mae rhai o'r dynion yn meddwl ei bod hi'n hwyl i eistedd o fy mlaen i'n bwyta pwdin siocled a dweud 'Mm, mae hwn yn hyfryd, wyt ti eisiau darn ohono fe, Siwsan?' Twp ydyn nhw. Twp a thrist.

Unwaith dw i wedi colli pwysau dw i'n mynd i gael swydd newydd. Swydd well. Pwy fasai eisiau gweithio mewn ffatri cywion ieir? A dw i'n dwlu ar anifeiliaid ac adar!

Doedd hi ddim yn bosib gwneud y *Jane Fonda Workout* ddoe achos daeth Gwyn rownd eto. Ond dw i'n mynd i ddechrau heddiw, yn bendant. Fydd Gwyn ddim yn galw i swper heno achos dw i wedi dweud wrtho fe fy mod i'n mynd i weld Mam. Mae e wedi pwdu achos bod rhaid iddo fe wneud ei swper ei hun (neu fynd i'r siop sglodion, siŵr o fod).

7fed Ionawr

Gwnes i'r *Jane Fonda Workout* neithiwr. Hynny yw, gwyliais i'r fideo. Ceisiais i wneud yr ymarferion ond roedd fy hen wisg nofio'n rhy dynn. Do'n i ddim yn

---

pwdu   *to sulk*   rhy dynn   *too tight*

gallu anadlu. Hefyd mae'n anodd iawn edrych ar y teledu tra bo chi'n taflu'ch corff i bob cyfeiriad! Felly penderfynais i wylio'r fideo yn gyntaf fel bydda i'n gwybod beth i'w wneud y tro nesa.

Mae'r deiet yn mynd yn dda iawn. Dim ond salad a *crispbread* dw i wedi bwyta heddiw. Mae *crispbread* yn beth od. Mae blas fel cardbord arno fe. (Nid fy mod i wedi bwyta cardbord erioed!) Tybed pam mae 'bwydydd deiet' mor od a diflas? Dyna'r pwynt, efallai.

Dw i ddim wedi pwyso fy hunan eto. Dw i'n aros tan yfory. Bydda i wedi bod ar y deiet ers wythnos erbyn hynny. Dw i'n siŵr fy mod i wedi colli cwpwl o bwysi, o leia. Croesi bysedd!

12fed Ionawr

Dw i ddim wedi ysgrifennu'n ddiweddar achos bod pethau ddim wedi mynd yn dda iawn. Bore Mercher es i ar y glorian i weld faint o'n i wedi'i golli. Hanner pwys yn unig! Ro'n i mor siomedig. Wedyn roedd hi'n ben-blwydd Mair yn y gwaith, a daeth hi â theisennau hufen i bawb. I ddechrau dwedais i 'Dim, diolch'. Ond roedd pawb arall yn cael un, ac ro'n i'n teimlo'n ddigalon iawn, felly ces i *éclair* siocled mawr. Roedd e'n hyfryd. Ond wedi cael un, do'n i ddim eisiau stopio! Roedd rhai teisennau sbâr, felly ces i un arall. Wedyn dechreuais i deimlo'n euog, ond roedd hi'n rhy hwyr!

---

anadlu	*to breathe*	pwyso	*to weigh*
i bob cyfeiriad	*in all directions*	euog	*guilty*

Beth bynnag, ers hynny mae'r deiet wedi mynd allan drwy'r ffenest. Ond dw i'n mynd i ailddechrau yfory.

13eg Ionawr

Aeth pethau'n well heddiw. Fwytais i ddim byd 'drwg'. Ces i syniad da, hefyd. Amser cinio o hyn ymlaen bydda i'n mynd allan am dro, yn lle aros yn y cantîn yn gwylio pobl eraill yn bwyta sglodion a phwdin siocled.

Ces i fy nghinio yn y parc. Roedd hi'n oer, felly doedd neb arall yno ond cwpwl o ddynion ifanc digartre. Ces i sgwrs ddiddorol gydag un ohonyn nhw. Dwedodd e 'i fod e'n meddwl bod bywydau pobl 'normal' yn wag. Y cyfan maen nhw'n meddwl amdano ydy eu gwaith, eu ceir, eu morgeisi, ayb. Mae pwynt gyda fe, yn fy marn i. Does dim llawer o bwrpas mewn bywyd os dych chi ddim ond yn mynd i'r gwaith, dod adre, gwylio'r teledu, mynd i'r gwely ac wedyn codi'r bore nesa a gwneud yr un peth eto. Mae'n rhaid bod mwy i fywyd na hynny. Ceisiais i siarad am hyn â Gwyn heno. Dim am y bachgen yn y parc – fasai e ddim yn hoffi i mi siarad â rhywun fel hynny – ond am fywyd a phopeth. Dylwn i fynd allan mwy, dwedodd Gwyn.

'I ble?' gofynnais i.

'Wel, beth am fynd i chwarae bingo gyda'r merched o'r ffatri?' dwedodd e.

Dw i ddim yn meddwl bod Gwyn yn fy neall i, weithiau.

---

ers hynny   *since then*

14eg Ionawr

Mae'n rhaid bod *aerobics* yn ymarfer da, achos dw i ddim yn gallu symud heddiw! Efallai gwnes i ormod neithiwr. Y bore 'ma roedd rhaid i mi gael bath poeth am hanner awr cyn i mi allu cerdded o gwbl. Tybed faint o amser mae'n gymryd i gael corff fel Jane Fonda?

15fed Ionawr

Dw i wedi bod yn breuddwydio am wyliau. Dw i ddim wedi cael gwyliau ers blynyddoedd. Hoffwn i fynd i rywle tramor. Rhywle twym, gyda môr glas a thraeth melyn. Baswn i wrth fy modd yn gorwedd wrth y pwll nofio, yn sipian coctel . . . Pan fydda i wedi colli pwysau. Mae'r busnes deiet 'ma mor araf, ac mor ddiflas!

16eg Ionawr

Roedd hi'n rhy oer i eistedd yn y parc heddiw, felly es i i'r llyfrgell amser cinio. Gwelais i rywbeth diddorol yno. Poster am grŵp colli pwysau i ferched:

Wedi cael llond bol ar ddeiets?
Ydy ceisio colli pwysau wedi cymryd eich bywyd drosodd?
Beth am ymuno â grŵp o fenywod cefnogol?
Dewch i gael paned a sgwrs gyda ni. A lot o hwyl!
'Dyn ni'n cyfarfod bob nos Lun, 7.30.
Neuadd Pensiynwyr, Stryd y Bont.

---

breuddwydio	*to dream*	cael llond bol ar	*fed up with*
tramor	*abroad*	cefnogol	*supportive*

23

Tybed ydy'r grŵp hwn fel *Weightbusters*? Es i i gyfarfod *Weightbusters* unwaith. Roedd y merched eraill i gyd yn gwisgo dillad ffasiynol iawn a llawer o golur. Ac roedd pawb yn deneuach na fi. Roedd hi'n ofnadwy pan oedd rhaid i chi sefyll ar y glorian o flaen pawb, ac roedd y fenyw yn dweud eich pwysau'n uchel, fel bod pawb yn gallu clywed.

19eg Ionawr

Ces i ddiwrnod ofnadwy ddoe! Bwytais i bob math o bethau drwg. Dw i'n anobeithiol! Roedd hi'n iawn ar y dechrau, ond nawr dw i mor wan. Fydda i byth yn denau os dw i'n cario 'mlaen fel hyn.

Dw i'n meddwl dylwn i fynd i'r grŵp colli pwysau. Efallai basai e'n helpu. Taswn i'n gwybod bod rhaid i mi fynd ar y glorian bob wythnos o flaen pawb, basai rhaid i mi gadw at y deiet!

20fed Ionawr

Gwelais i swydd yn y papur heddiw, gyda'r *RSPCA*, mewn lloches i anifeiliaid. Baswn i wrth fy modd yn gweithio yno. A fasai dim ots 'da'r cathod a'r cŵn am fy mhwysau! Os dych chi'n garedig wrthyn nhw maen nhw'n eich caru chi, tew neu denau. Ond mae'n debyg bod yr *RSPCA* eisiau rhywun gyda phrofiad. A basai rhaid i mi fynd am gyfweliad. Dw i ddim yn hoffi

colur	*make-up*	profiad	*experience*
anobeithiol	*hopeless*	mae'n debyg	*it seems*
lloches i anifeiliaid	*animal shelter*	cyfweliad	*interview*
wrth fy modd	*delighted*		

cyfweliadau. Dw i byth yn gwybod beth i'w ddweud pan maen nhw'n gofyn cwestiynau fel 'Pa sgiliau sy gyda chi?' Dych chi ddim i fod i ddweud 'Dim lot!', dw i ddim yn meddwl.

Paid â sôn am y deiet! Dydy e ddim wedi mynd yn dda heddiw.

23ain Ionawr

Es i i'r grŵp colli pwysau heno. Doedd e ddim yn debyg i *Weightbusters* o gwbl! Dim grŵp 'colli pwysau' ydy e, mewn gwirionedd. Dw i ddim yn gwybod sut i'w ddisgrifio fe. Grŵp dim colli pwysau, efallai!

Y peth cyntaf i mi feddwl pan es i i mewn oedd, 'Wel, dydy eu deiets nhw ddim wedi gweithio'n dda iawn!' Dw i'n teimlo'n euog am hynny nawr. Ro'n nhw mor garedig a chroesawgar. Roedd tua wyth yno. Ro'n nhw i gyd yn fenywod mawr. Dyna sut maen nhw'n disgrifio eu hunain – menywod 'mawr', dim 'tew'. Roedd un ohonyn nhw'n gwisgo crys-T gwych gyda'r geiriau *'Mae Menywod Mawr yn Mwynhau Mwy'*!

Ond am fenywod! Does dim ots 'da nhw am fod yn dew – sori, yn fawr. Mae cymaint o hyder gyda nhw. Roedd pawb yn gwisgo dillad lliwgar, hyfryd, gyda phob math o streipiau a phatrymau. (Ro'n i'n gwisgo dillad du, fel arfer, yn ceisio edrych yn deneuach.) Ac ro'n nhw'n edrych yn wych, mawr neu beidio.

Esboniodd Rhiannon, y ferch ddechreuodd y grŵp, eu bod nhw ddim yn credu mewn deiets. Dydy deiets

i fod i	*supposed to*	croesawgar	*welcoming*
paid â sôn am	*don't mention*	hyder	*confidence*

25

ddim yn gweithio, dwedodd hi, a dyn nhw ddim yn dda i'ch iechyd. Wel, ro'n i'n meddwl ei bod hi'n beth drwg i'ch iechyd i fod yn dew. Ond maen nhw'n dweud ei bod hi'n waeth i chi fod 'fel io-io', yn colli pwysau, wedyn rhoi'r pwysau ymlaen eto, ayb.

'Taswn i ddim ar ddeiet baswn i fel eliffant!' dwedais i. Ond dwedodd Rhiannon taswn i ddim yn meddwl am fwyd a deiets drwy'r amser faswn i ddim yn bwyta cymaint. Ydy hynny'n wir, tybed?

Beth bynnag, roedd hi'n hwyl yn y grŵp. Ro'n nhw'n siarad am bopeth dan haul. Ro'n i'n dawel iawn i ddechrau, ond wedyn ro'n i'n chwerthin cymaint fel anghofiais i am fod yn swil. Maen nhw'n gwneud pob math o bethau, dim jyst eistedd a siarad. Heno dysgon ni dipyn bach o ddawnsio llinell. Roedd hi'n hwyl. A bob nos Fercher maen nhw'n mynd i nofio. Dych chi ddim yn teimlo mor hunanymwybodol mewn grŵp, dwedon nhw. Weithiau maen nhw'n mynd ar wyliau, hefyd, i ryw ynys yng Ngwlad Groeg. Maen nhw'n gwersylla. Roedd hi'n swnio'n hyfryd.

Ces i fathodyn gan un o'r menywod yn y grŵp, gyda'r geiriau *'Dw i'n Fawr a Dw i'n Falch'* arno. Tybed faswn i'n ddigon dewr i wisgo'r peth yn y gwaith? Baswn i'n hoffi gweld eu hwynebau nhw! Efallai gwisga i fe ar fy niwrnod olaf yn y ffatri, os dw i'n cael y swydd gyda'r *RSPCA*. (Dw i'n mynd i ffonio am ffurflen gais yfory. Croesi bysedd!)

---

hunanymwybodol	*self-conscious*	balch (yn falch)	*proud*
gwersylla	*to camp*	dewr	*brave*
bathodyn	*badge*	ffurflen gais	*application form*

Dylwn i fynd i'r gwely, ond dw i ddim yn credu baswn i'n gallu cysgu eto. Dw i'n teimlo'n od ers y cyfarfod. Fel chwerthin. Dw i'n teimlo fel tasai swigen fawr y tu mewn i mi – swigen o chwerthin. Mae hynny'n swnio'n dwp, ond mae'n wir. A dw i'n teimlo'n ysgafn, rywsut. Ie, dyna fe. Yn ysgafn.

---

swigen	*bubble*	rywsut	*somehow*
ysgafn	*light*	dyna fe	*that's it*

RHYFEDDODAU YN YR ARDD

'Bore da!' meddai Eifion, wrth ddod i mewn i'r ystafell wely. 'Dyma baned i ti, Menna. Mae'n saith o'r gloch.'

Edrychodd Menna ar ei gŵr mewn syndod. Doedd e ddim wedi dod â phaned iddi hi yn y bore ers misoedd. A dweud y gwir, doedd e ddim wedi codi o'i wely cyn amser cinio ers misoedd, chwaith.

'Diolch yn fawr, cariad.'

'Bydd brecwast yn barod mewn chwarter awr.'

'Gwell i mi godi, felly!' atebodd Menna. 'Rwyt ti'n fy sbwylio i heddiw!'

'Mae'n hen bryd i ti gael tipyn bach o sbwylio!' Cusanodd Eifion ei wraig ar ei thalcen.

Yn yr ystafell ymolchi meddyliodd Menna am Eifion. Roedd hi'n anodd credu ei fod e mor hapus heddiw. Ers ymddeol roedd e wedi bod yn teimlo'n isel iawn ei ysbryd. Beth oedd wedi digwydd heddiw? Roedd y newid mor sydyn.

Roedd Eifion yn arfer gweithio yn y gwaith dur. Roedd e wedi ymddeol chwe mis yn ôl. Roedd ei waith a'i ffrindiau yno wedi bod yn bwysig iawn iddo fe, ac roedd e wedi bod ar goll ers gadael. Cyn ymddeol roedd

---

rhyfeddodau	*wonders*	yn arfer	*used to*
mae'n hen bryd	*it's high time*	gwaith dur	*steelworks*
talcen	*forehead*	ar goll	*lost*
isel ei ysbryd	*depressed*		

e wedi dweud ei fod e'n edrych ymlaen at gael amser iddo fe ei hun. Roedd e'n mynd i wneud llawer o waith yn y tŷ – addurno, rhoi cypyrddau newydd yn y gegin, ac ati. A basai e'n dechrau chwarae bowlio, dwedodd e. Ond doedd e ddim wedi gwneud dim byd. Dim ond eistedd yn y tŷ. Pan oedd Menna'n dod adre o'i gwaith bob prynhawn roedd Eifion yn yr ystafell fyw, yn gwylio rhyw raglen gwis. Doedd e ddim hyd yn oed wedi golchi'r llestri brecwast, fel arfer. Roedd Menna wedi bod yn poeni amdano fe.

'Efallai bod pethau'n dechrau gwella o'r diwedd!' dwedodd wrthi hi ei hun nawr.

Ar ôl cael cawod aeth Menna i lawr i'r gegin i gael ei brecwast. Ar y bwrdd roedd powlenaid o fiwsli, tost a jwg o goffi.

'Coffi ffres! Hyfryd!'

'Beth wyt ti'n wneud heddiw?' gofynnodd Eifion i Menna, wrth iddi fwyta'i brecwast. Roedd hyn yn rhywbeth newydd, hefyd, sylweddolodd hi. Dros y misoedd diwetha doedd Eifion ddim wedi dangos unrhyw ddiddordeb yn ei gwaith hi. Roedd Menna'n teimlo'n euog iawn am fynd allan bob dydd a gadael ei gŵr ar ei ben ei hun. Ac roedd hi'n teimlo'n euog am fwynhau ei gwaith, hefyd. Ond, a dweud y gwir, fasen nhw ddim yn gallu fforddio iddi hi adael ei swydd, beth bynnag.

'Dw i'n mynd i'r cartref hen bobl yn Llanddewi Cilgedin y bore 'ma.' Roedd Menna'n gweithio fel nyrs yn y gymuned. 'Beth amdanat ti?'

---

addurno	*to decorate*	hyd yn oed	*even*

'Ro'n i'n meddwl trio taclo'r ardd heddiw.'

'O, gwych! Mae hi'n mynd i fod yn braf heddiw, yn ôl y radio. Bydd hi'n hyfryd yn yr ardd.'

'Bydd, mae'n debyg. Ond fydda i ddim yn diogi yn yr haul!' chwarddodd Eifion. 'Mae'n hen bryd i mi wneud rhywbeth am yr ardd. Mae'r lawnt yn mynd o ddrwg i waeth! Ac mae eisiau torri'r perthi. Wedyn mae llawer o chwyn yn y gwelyau blodau. Dw i'n mynd i wneud rhyfeddodau yn yr ardd heddiw.'

'Ond paid â gwneud gormod, Eifion!' Yn syth difarodd Menna ddweud hyn. Ddylai hi ddim siarad ag Eifion fel plentyn, meddyliodd. Doedd e ddim yn sâl.

'Paid â phoeni! Bydda i'n iawn,' atebodd Eifion. 'Dw i'n mynd i fwynhau. Bydd yr ardd yn edrych fel tasai *Groundforce* wedi bod yma erbyn i ti gyrraedd adre!'

Roedd hi'n wir bod eisiau gwneud rhywbeth am yr ardd, meddyliodd Menna. Roedd Eifion wedi arfer cadw'r ardd mor daclus. Roedd e wedi bod yn falch iawn o'i lawnt a'i welyau blodau. Ond bellach roedd yr ardd yn edrych yn wyllt.

'Iawn!' dwedodd Menna, gan chwerthin. 'Bydda i'n edrych ymlaen at gael diod ar y lawnt y prynhawn 'ma, felly. Gwell i mi fynd nawr, cariad. Dw i'n hwyr!'

Ar ôl i Menna adael eisteddodd Eifion wrth y bwrdd, a'i ben yn ei ddwylo. Neithiwr roedd e wedi penderfynu bod rhaid i bethau newid. O hyn ymlaen doedd e ddim yn

diogi	*to laze about*	chwyn	*weeds*
chwarddodd	*laughed*	gwneud rhyfeddodau	*do wonders*
mynd o ddrwg i waeth	*to go from bad to worse*	difaru	*to regret*
		bellach	*nowadays*
perth (*ll.* perthi)	*hedge*	o hyn ymlaen	*from now on*

mynd i eistedd o gwmpas yn teimlo'n ddiflas. Dyna pam roedd e wedi codi'n gynnar y bore 'ma a gwneud brecwast i Menna. Roedd e wedi gwneud ymdrech fawr i fod yn bositif, ond nawr roedd e wedi blino. Doedd e ddim yn teimlo fel garddio. Doedd e ddim yn teimlo fel gwneud dim byd, mewn gwirionedd. Beth oedd y pwynt? Hoffai e fynd yn ôl i'r gwely, meddyliodd. Ond doedd e ddim yn gallu cario 'mlaen fel hyn. Roedd rhaid iddo fe drio.

'Dwyt ti ddim yn hen eto!' dwedodd wrtho fe'i hun nawr. 'Rhaid i ti wneud rhywbeth gyda gweddill dy fywyd!' Cododd oddi wrth y bwrdd. 'Iawn, 'te! Bant â ti!' Ac allan ag e i'r ardd gefn.

Ble dylai e ddechrau? Y lawnt, penderfynodd. Aeth e i'r sièd ar waelod yr ardd. Ar y ffordd edrychodd e ar y glaswellt hir. A dweud y gwir, roedd e'n edrych yn braf, meddyliodd. Yn wyllt, efallai, ond yn bert. Roedd blodau bach ym mhobman. Roedd e'n adnabod rhai ohonyn nhw – llygad y dydd a dant y llew. Ond roedd blodau eraill hefyd – rhai glas, rhai gwyn a melyn. Chwyn oedden nhw, wrth gwrs. Fel arfer basai e'n rhoi rhywbeth ar y lawnt i ladd y chwyn. Ond roedd y blodau'n edrych mor bert. Efallai dylai e adael y lawnt? Yn y diwedd penderfynodd e dorri llwybr drwy'r glaswellt. Basai e'n torri'r lawnt gyfan ar ôl i'r blodau orffen, dwedodd wrtho'i hun.

---

ymdrech	*effort*	glaswellt	*grass*
gweddill dy fywyd	*the rest of your life*	adnabod	*to recognise*
		llygad y dydd	*daisy*
gwaelod	*bottom*	dant y llew	*dandelion*

Ar ôl torri'r llwybr trwy'r glaswellt aeth Eifion at y bin compost. Fel arfer basai e'n rhoi compost o gwmpas ei rosod bob gwanwyn, ond dim eleni. Cododd y clawr. Roedd e ar fin taflu'r glaswellt i mewn pan welodd e rywbeth yn symud. Beth oedd e? Broga! Nawr roedd y broga wedi diflannu dan y stwff yn y bin compost. Yn araf dechreuodd Eifion symud ychydig o'r compost. Yna stopiodd mewn syndod. Roedd rhywbeth arall yn y bin! Rhywbeth hir a brown. Beth oedd hyn? Neidr? Doedd e ddim yn gwybod llawer am nadroedd. Gwyliodd y creadur wrth iddo fe, hefyd, ddiflannu dan y compost.

Hanner awr wedyn eisteddodd Eifion i yfed paned o de. Roedd hi'n dawel iawn yn yr ardd. Roedd e'n teimlo'n unig. Un o'r pethau oedd wedi bod yn anodd iawn i Eifion ers ymddeol oedd y tawelwch. Yn y gwaith dur roedd cymaint o sŵn a bwrlwm drwy'r amser. Ond roedd y tŷ mor dawel yn ystod y dydd. Ac roedd y stryd yn dawel hefyd. Roedd e fel byd gwahanol ar ôl i bawb adael yn y bore. Byd gwag. Dyna pam roedd e'n gwylio'r teledu drwy'r dydd. Roedd y teledu'n dod â bywyd a sŵn i'r tŷ gwag. Ond nawr, wrth iddo fe eistedd yn yr ardd, dechreuodd e fwynhau'r tawelwch. Doedd hi ddim yn hollol dawel, a dweud y gwir, sylweddolodd. Weithiau gallai e glywed car yn mynd heibio. Roedd adar yn canu, a gwenyn yn hymian. Dechreuodd ymlacio. Roedd yr haul ar ei ben yn teimlo'n braf. Roedd e'n teimlo'n gysglyd.

'Rhaid i mi beidio â mynd i gysgu!' dwedodd e wrtho

clawr	*lid*	bwrlwm	*activity*
ar fin	*about to*	yn hollol	*completely*
broga	*frog*	gwenyn	*bees*

fe'i hun. 'Mae gwaith gyda fi i'w wneud.' Cododd a mynd at y sièd unwaith eto. Penderfynodd ddechrau torri'r perthi. Roedd y perthi prifed ar bob ochr i'r ardd yn eitha hawdd eu torri. Wedyn cyrhaeddodd e'r berth fawr ar waelod yr ardd. Yma roedd pob math o lwyni a choed gwyllt. Roedd y rhain yn tyfu'n gyflym ac erbyn hyn ro'n nhw wedi cyrraedd rhyw naw neu ddeg troedfedd. Basai rhaid iddo sefyll ar ysgol er mwyn torri'r berth, sylweddolodd. Dylai e blannu prifed yma yn lle'r hen lwyni gwyllt hyn, meddyliodd Eifion. Wedi dringo'r ysgol dechreuodd e dorri'r berth drwchus. Ond yn sydyn gwelodd e rywbeth yn y llwyn. Rhywbeth melyn. Beth oedd e? Nyth! Gydag adar bach ynddi! Ro'n nhw'n gwasgu eu hunain i lawr yn y nyth, yn ceisio cuddio. Ro'n nhw'n bert iawn, gyda'u plu du a melyn. Yn dawel aeth Eifion i lawr yr ysgol a cherdded i ffwrdd.

'Gobeithio 'mod i ddim wedi codi ofn ar rieni'r adar bach!' meddyliodd. 'Gobeithio byddan nhw'n dod yn ôl i'r nyth.' Pa fath o adar o'n nhw? Doedd e ddim yn gwybod. 'Rhaid i mi edrych mewn llyfr,' penderfynodd.

Cyrhaeddodd Menna adre am bedwar o'r gloch. Roedd hi wedi bod yn meddwl am Eifion drwy'r dydd. Parciodd y car a mynd i'r tŷ.

'Eifion!' galwodd. 'Helô!' Doedd dim ateb.

prifed	*privet*	yn lle	*instead of*
hawdd eu torri	*easy to cut*	trwchus	*thick*
llwyn	*bush*	nyth	*nest*
tyfu	*to grow*	gwasgu	*to squash, press*
ysgol	*ladder*	plu	*feathers*
er mwyn	*in order to*		

Aeth Menna i'r ystafell fyw, ac wedyn i'r gegin. Doedd Eifion ddim yno. O'r ffenestr yn y gegin roedd hi'n gallu gweld yr ardd gefn. Efallai bod Eifion yn yr ardd. Wrth iddi hi edrych drwy'r ffenestr gwelodd Menna fod y lawnt yn dal i edrych yn wyllt. Doedd Eifion ddim wedi'i thorri, felly.

'Dydy e ddim wedi torri'r berth, chwaith,' meddyliodd hi, gan sylwi ar y llwyni tal ar ben arall yr ardd. Teimlodd yn siomedig. Dim am yr ardd – doedd dim ots gyda hi am honno, mewn gwirionedd. Ond am Eifion. Roedd hi wedi meddwl bod pethau'n dechrau gwella heddiw. Ond doedd e ddim wedi gwneud dim byd. A ble roedd e? Yn y gwely? Aeth hi lan y grisiau i chwilio amdano fe.

Doedd Eifion ddim yn yr ystafell wely. Aeth Menna at y ffenestr. Roedd hi'n bosib gweld mwy o'r ardd o'r ystafell yma. Ond wrth edrych allan cafodd hi sioc. Yng nghanol y gwely rhosod roedd twll mawr! Wel, doedd dim gwely rhosod ar ôl, bellach! Dim ond twll mawr, brown, salw. Ble roedd Eifion? Beth yn y byd roedd e wedi bod yn ei wneud? Brysiodd allan i'r ardd.

Roedd Eifion yn eistedd ar y *patio*. 'Helô!' galwodd e. 'Dere i eistedd, Menna. Mae potelaid o win gwyn oer yma, yn aros amdanat ti!'

Edrychodd Menna ar Eifion. Roedd e'n eistedd yn yr haul, yn ymlacio. Roedd ei freichiau a'i wyneb yn binc.

'Helô, Eifion,' meddai. 'Wyt ti'n iawn?'

---

yn dal i edrych   *still looked*   ar ôl   *left*

'Ydw, diolch. Pam?'

'Rwyt ti'n edrych yn od.'

'Ydw i?' dwedodd Eifion, gan chwerthin.

'Wel, dim yn od, ond yn wahanol.'

'Dw i wedi bod allan yn yr haul drwy'r dydd.'

Eisteddodd Menna. 'Eifion,' dwedodd hi'n araf. 'Beth ydy'r twll 'na yn y gwely rhosod?'

'Dim twll. Pwll!' atebodd Eifion. 'Dw i'n mynd i wneud pwll bach.'

'Pwll? Ond beth am y rhosod? Ro't ti mor falch o dy rosod.'

'O, dw i wedi blino ar yr hen rosod 'na. A bydd hi'n braf cael pwll yn yr ardd! Dw i wedi bod yn darllen y llyfrau 'ma. Ces i nhw o'r llyfrgell.'

'O'r llyfrgell?' gofynnodd Menna'n syn. Doedd Eifion byth yn mynd i'r llyfrgell. Doedd e byth yn darllen o gwbl, a dweud y gwir, ar wahân i'r papur newydd.

'Ie. Edrycha. Maen nhw'n ddiddorol iawn.'

Edrychodd Menna ar y llyfrau ar y bwrdd. '*Yr Ardd Wyllt – Natur ar Stepen eich Drws*,' darllenodd hi'n uchel. '*Adar yng Nghymru. Rhyfeddodau Natur yn eich Gardd*.'

Edrychodd Menna ar Eifion. Roedd e'n gwenu. 'Gwych!' dwedodd hi, gan wenu'n ôl arno fe. 'Nawr 'te. Wyt ti'n mynd i agor y gwin 'ma?'

---

pwll	*pond*	mor falch	*so proud*

I'R GAD

'Bore da, Wil!' galwodd Gwyneth wrth iddi gerdded i mewn i'r orsaf betrol. Doedd dim car gyda Gwyneth, ond roedd hi wedi dod i brynu pethau yn y siop fach. Ers i'r siop bapurau gau, hon oedd yr unig siop ym mhentre Llanfair-y-cwm.

'Bore da, Gwyneth! Sut dych chi?' dwedodd y dyn y tu ôl i'r cownter.

'O, da iawn diolch. Mae hi'n braf heddiw, on'd yw hi?'

'Ydy. Mae'n hyfryd gweld yr haul ar ôl y tywydd ofnadwy 'dyn ni wedi'i gael yn ddiweddar. Nawr, beth alla i wneud i chi heddiw?' gofynnodd Wil.

'Dim ond bara ac wyau, diolch. O, a pheint o laeth hefyd, os gwelwch yn dda.' Rhoiodd Gwyneth yr arian i Wil.

'Diolch!' meddai. 'Dych chi wedi clywed am yr ysgol, Gwyneth?'

'Nac ydw. Beth?'

'Maen nhw'n dweud bod y Cyngor eisiau cau'r ysgol. Mae'n rhy fach.'

'Ond mae hi'n ysgol fendigedig! A ble bydd y plant yn mynd?' protestiodd Gwyneth.

'Wel, mae ysgol Gymraeg ym Mhontarthur. Ond mae

i'r gad   *to battle*   cyngor   *council* honno'n ysgol fach. Efallai bydd y Cyngor eisiau ei chau hi, hefyd,' atebodd Wil.

Tra bod Gwyneth a Wil yn siarad daeth menyw ifanc i mewn i'r siop, gyda bachgen bach. 'Dych chi'n siarad am yr ysgol?' gofynnodd hi.

'Ydyn. Dych chi wedi clywed rhywbeth, Rhian?' Roedd Wil yn nabod y fenyw ifanc. Roedd hi, fel sawl mam ifanc arall yn y pentre, yn galw i mewn i'r siop fach bron bob dydd.

'Ydw, tipyn bach. Mae fy mrawd-yng-nghyfraith i'n gweithio i'r Cyngor Sir. Dwedodd e fod y Cyngor wedi bod yn siarad am bob ysgol bentre yn y Sir. Ond 'dyn nhw ddim wedi penderfynu dim byd eto, dwedodd e.'

'Hy!' meddai Wil. 'Unwaith maen nhw'n dechrau trafod y peth, dyna fe! Arbed arian mae'r Cyngor eisiau, siŵr o fod. Dyna'r unig beth sy'n bwysig iddyn nhw – arian.'

'Faint o blant sy'n mynd i'r ysgol nawr?' gofynnodd Gwyneth i'r fenyw ifanc. Roedd hi'n gwybod bod merch fach gyda Rhian, oedd wedi dechrau yn y dosbarth babanod ym mis Medi.

'Tua dau ddeg pump, dw i'n credu.'

'Dau ddeg pump!' dwedodd Gwyneth yn syn. 'Pan o'n i'n blentyn roedd dros saith deg ohonon ni yn yr ysgol! Dw i ddim yn deall beth sy wedi digwydd i'r pentre 'ma, wir. Pawb yn symud i'r dre, neu i Gaerdydd . . .'

Roedd plant Gwyneth ei hun wedi gadael y pentre i gael gwaith yn y brifddinas, cofiodd Wil.

---

dyna fe   *that's it*   arbed arian   *to save money*

'Fydd neb ar ôl yma, cyn bo hir,' cytunodd Wil.

'Os byddan nhw'n cau'r ysgol, bydd mwy o bobl yn gadael,' dwedodd Rhian. 'Dw i wedi bod yn siarad â rhieni eraill. Dyn ni'n mynd i weld y Brifathrawes. Efallai bydd hi'n gwybod mwy.'

'Wel, rhowch wybod i ni os dych chi'n darganfod unrhyw beth arall,' dwedodd Wil, gan droi at gwsmer oedd wedi dod i mewn i dalu am betrol.

Ar ei ffordd adre meddyliodd Gwyneth am yr hen ysgol. Roedd hi'n gallu cofio ei dyddiau ysgol ei hun yn dda iawn. Roedd Mr Thomas y Prifathro wedi bod yn llym, wrth gwrs. Ond roedd hi wedi mwynhau'r ysgol, yn enwedig y canu, dysgu cerddi ac adrodd. Ro'n nhw wedi cael eisteddfod fach bob dydd Gŵyl Dewi, cofiodd hi. Yn y dyddiau yna roedd plant yn dod i'r ysgol o'r ffermydd yn y wlad o gwmpas Llanfair-y-cwm. Roedd Gwyneth yn nabod pob teulu yn yr ardal. Ond nawr roedd llawer ohonyn nhw wedi gadael. Ac roedd pobl wedi prynu yr hen gartrefi i'w defnyddio fel tai haf. Aeth Gwyneth adre'n drist iawn.

Yr wythnos wedyn gwelodd Gwyneth Rhian yn cerdded adre o'r ysgol ar ôl mynd i nôl Heulwen, ei merch fach.

'Helô, Rhian,' meddai. 'Sut dych chi a'r plant?'

'Da iawn, diolch,' atebodd Rhian. 'A chi?'

'Iawn, diolch. Oes unrhyw newyddion am yr ysgol?'

---

rhowch wybod i ni	*let us know*	cerdd (*ll.* cerddi)	*poem*
darganfod	*to discover*	adrodd	*to recite*
yn enwedig	*especially*		

'Wel, dim byd pendant,' atebodd Rhian. 'Es i gyda dwy o'r mamau eraill i weld Mrs Pritchard, y Brifathrawes. Yn ôl beth ddwedodd hi, mae'r Cyngor yn "edrych ar" bob ysgol fach. Maen nhw wedi cau llawer o ysgolion pentre yn barod.'

'Wel, dw i'n meddwl dylen ni wneud rhywbeth!' dwedodd Gwyneth. 'Dydy hi ddim yn deg. Hen ddynion mewn siwtiau'n eistedd yn Neuadd y Sir yn penderfynu dyfodol ein plant ni! Ydyn nhw wedi dod i weld yr ysgol, hyd yn oed?'

'Wel, 'dyn nhw ddim wedi siarad â'r rhieni, mae hynny'n sicr,' dwedodd Rhian. 'Ond beth allwn ni wneud?'

'Protestio!' atebodd Gwyneth. Roedd Gwyneth wedi bod yn weithgar iawn yn wleidyddol pan oedd hi'n ifancach. Ac roedd hi wedi casglu arian a bwyd i'r glowyr yn ystod y streic yn yr wythdegau. 'Dylen ni gael cyfarfod,' dwedodd hi'n gyffrous wrth Rhian.

'Dw i'n cytuno â chi,' atebodd Rhian. 'Ond dych chi'n meddwl basai pobl yn dod? Mae rhai o'r rhieni wedi dweud yn barod eu bod nhw'n meddwl am symud eu plant i'r ysgol yn y dre ym mis Medi. 'Dyn nhw ddim yn hoffi'r ansicrwydd.'

'Dw i'n siŵr basai rhai ohonyn nhw'n dod, tasen nhw'n gwybod bod rhywun yn trefnu rhywbeth,' dwedodd Gwyneth.

Neuadd y Sir	*County Hall*	glowyr	*miners*
hyd yn oed	even	yn ystod	*during*
yn weithgar	*active*	ansicrwydd	*uncertainty*
gwleidyddol	*political(ly)*		

'Iawn!' meddai Rhian. 'Siarada i â Iestyn heno.' Iestyn oedd gŵr Rhian. 'Gallen ni gael cyfarfod bach yn ein tŷ ni.'

Y nos Iau wedyn aeth Gwyneth i dŷ Rhian a Iestyn. Tŷ teras bychan oedd e. Yn yr ystafell fyw roedd saith neu wyth o bobl. I Gwyneth roedd rhai ohonyn nhw'n edrych yn rhy ifanc i fod yn rhieni i blant ysgol. 'Dw i'n mynd yn hen!' meddyliodd hi.

I ddechrau doedd neb yn siŵr beth i'w ddweud. Ond unwaith i bobl ddechrau siarad, roedd hi'n amlwg eu bod nhw'n teimlo'n gryf iawn am y posibilrwydd o golli'r ysgol.

'Dw i ddim yn deall pam maen nhw eisiau cau'r ysgolion bach,' dwedodd Catrin, oedd â dau o blant yn yr ysgol. 'Mae'r plant yn hapus yno, ac maen nhw'n cael addysg dda. Dw i ddim eisiau iddyn nhw fynd i ryw ysgol fawr yn y dre!'

'Ac mae'n rhy bell,' dwedodd John, ei gŵr. 'Fasai'r plant ddim yn hapus mor bell oddi wrth eu cartrefi.'

'Wel, dw i ddim eisiau i Heulwen deithio ar y bws i'r ysgol bob dydd,' dwedodd Iestyn. 'Dim ond pump oed ydy hi. Mae'n ddiwrnod hir iawn i ferch fach.'

Tra bod y rhieni'n siarad roedd Gwyneth yn dawel. Ond wedyn trodd Rhian ati hi. 'Beth dych chi'n feddwl, Gwyneth?' gofynnodd.

'Dw i'n cytuno â phopeth mae pawb wedi'i ddweud,' atebodd Gwyneth. 'A hefyd mae'r ysgol yn bwysig i'r

addysg   *education*   trodd   *turned*

40

pentre cyfan. Dyn ni wedi colli'r swyddfa bost a'r siop
yn barod. Fydd dim byd ar ôl yn y pentre hwn os bydd
yr ysgol yn mynd!'

'Dych chi'n iawn!' cytunodd Sali. 'Mae'n dawel iawn
yma ar ôl i bobl fynd i'r gwaith yn y bore. Ond basai hi
fel y bedd tasai'r plant i ffwrdd drwy'r dydd hefyd.'

'A ble arall yn y pentre mae pobl yn gallu dod at ei
gilydd?' aeth Gwyneth yn ei blaen. 'Does dim capel
nawr.'

'A dim clwb rygbi!' dwedodd John yn drist.
Chwarddodd pawb. Ro'n nhw'n gwybod bod John yn
dwlu ar rygbi, ac ar yr hwyl wedi'r gemau.

'Dim clwb rygbi,' cytunodd Gwyneth. 'Dim tafarn.
Yr unig le i ni wneud unrhyw beth yn Llanfair-y-cwm
ydy'r ysgol.'

'Does dim llawer yn mynd ymlaen yn yr ysgol,
chwaith, nawr,' dwedodd Sali. 'Dim ond y cyngerdd
carolau a'r pethau bach eraill mae'r plant yn eu
gwneud.'

'Digon gwir,' dwedodd Gwyneth. 'Flynyddoedd yn
ôl ro'n ni'n arfer cael pob math o bethau yn yr ysgol.
Cyngerdd neu Noson Lawen bron bob mis, twmpathau,
sioeau, popeth.'

'Dylen ni wneud hynny nawr!' dwedodd Iestyn.

'Beth?' gofynnodd Rhian.

---

cyfan	*whole*	cyngerdd	*concert*
fel y bedd	*like (as quiet as) the grave*	noson lawen	*evening of entertainment*
dod at ei gilydd	*to get together*	twmpath	*folk-dancing evening*
chwaith	*either*		

'Cael cyngerdd, neu rywbeth. A gwneud yn siŵr bod pawb yn y pentre yn dod. Mae cannoedd o bobl yn byw yn y pentre 'ma! Ble maen nhw? Pam 'dyn nhw ddim yma heno?'

'Aros funud, Iestyn!' dwedodd Rhian, gan chwerthin. 'Dim ond wrth y rhieni dwedais i am y cyfarfod. Doedd neb arall yn gwybod amdano fe.'

'Ond mae Iestyn yn iawn,' dwedodd John. 'Mae rhaid i ni gael y pentre cyfan y tu ôl i ni, os 'dyn ni eisiau i'r Cyngor wrando arnon ni.'

'Beth am y bobl o'r ystâd newydd?' gofynnodd Sali. 'Saeson ydy'r rhan fwya o'r bobl yno. Ac mae eu plant nhw'n mynd i'r ysgol yn y dre.'

'Ond maen nhw'n byw yn y pentre. Felly mae'n bwysig iddyn nhw, hefyd!' dwedodd John.

'Efallai bod angen cefnogaeth pobl eraill arnon ni, hefyd,' dechreuodd Gwyneth.

'Beth dych chi'n feddwl?' gofynnodd Sali.

'Wel, beth am Gymdeithas yr Iaith?'

'Cymdeithas yr Iaith Gymraeg?' gofynnodd Catrin yn syn.

'Ie. Cymuned hefyd. Maen nhw eisiau achub cymunedau Cymraeg, on'd ydyn nhw? Dw i'n siŵr basen nhw'n ein helpu ni.'

'Dych chi'n meddwl?' gofynnodd Rhian. ''Dyn ni eisiau pob help posibl, mae hynny'n sicr.'

'Iawn 'te,' dwedodd Iestyn yn gyffro i gyd. 'I'r gad!'

y rhan fwya	*most*	achub	*to save*
cefnogaeth	*support*	yn gyffro i gyd	*all excited*
cymuned	*community*		

Roedd hi'n brynhawn Iau, wyth mis wedyn. Roedd Wil yn gweithio yn yr orsaf betrol. Roedd e'n gwrando ar y teledu bach y tu ôl i'r cownter, ac yn aros am y newyddion. O'r diwedd clywodd e lais y cyflwynydd newyddion, Siân Jones.

'Y tu allan i Neuadd y Sir mae protest fawr heddiw. Mae cannoedd o bobl yno o'r grŵp 'Achub yr Ysgolion Pentre'. Maen nhw'n protestio yn erbyn cynlluniau'r Cyngor i gau ysgolion bach yn y Sir. Mae ein gohebydd, Rhun ap Dafydd, wedi bod yno'r bore 'ma, yn siarad â'r protestwyr. 'Dyn ni'n mynd draw ato fe nawr. Prynhawn da, Rhun.'

Ymddangosodd Rhun ap Dafydd ar y sgrin. Y tu ôl iddo fe roedd torf fawr o bobl. Ro'n nhw'n cario baneri mawr, lliwgar, gyda'r sloganau *Peidiwch Cau Ysgol Llanfair!* a *Lladd ein Hysgol, Lladd ein Pentre!* Roedd Wil yn gallu clywed y dorf yn canu'r gân 'Yma o Hyd' yn uchel.

'Prynhawn da, Siân,' dwedodd Rhun ap Dafydd.

'Beth sy wedi bod yn digwydd yno'r bore 'ma, Rhun?' gofynnodd y cyflwynydd.

'Mae pobl wedi bod yma drwy'r bore'n protestio, Siân,' atebodd y gohebydd. 'Fel dych chi'n gallu clywed, maen nhw mewn hwyliau da! Maen nhw wedi bod yn canu ac yn siarad â phobl sy'n mynd heibio,'

---

cyflwynydd	*presenter*	ymddangos	*to appear*
cynllun	*plan*	torf	*crowd*
(*ll*. cynlluniau)		mewn hwyliau da	*in good spirits*
gohebydd	*reporter*		

aeth e yn ei flaen. 'Ac mae rhai o'r protestwyr yma nawr i siarad â ni.' Trodd e at y bobl wrth ei ochr.

'Rhian Thomas, dych chi'n fam i ddau o blant ac yn byw yn Llanfair-y-cwm. Pam dych chi wedi dod yma heddiw?'

'Wel, mae'r Cyngor yn cyfarfod heddiw i drafod cau ein hysgol ni, ac ysgolion bach eraill yn yr ardal,' atebodd Rhian. 'A 'dyn ni eisiau dangos i'r Cyngor pa mor bwysig ydy ysgolion pentre i ni. Dylai plant gael mynd i'r ysgol yn eu cymuned eu hunain.'

Doedd Wil ddim yn gallu clywed geiriau nesa Rhian, achos yn sydyn dechreuodd y dorf weiddi. Ar y sgrin roedd e'n gallu gweld car mawr du'n cyrraedd Neuadd y Sir.

'Dyma rywun o'r Cyngor yn dod nawr!' dwedodd Rhun ap Dafydd.

'Beth 'dyn ni eisiau?' galwodd dyn yn y dorf yn uchel.

'Achub yr ysgolion pentre!' atebodd y dorf.

'Pryd 'dyn ni eisiau fe?'

'Nawr!' gwaeddodd pawb.

Diflannodd y car mawr y tu ôl i'r neuadd. Trodd y gohebydd at rywun arall.

'Mrs Pritchard, chi ydy Prifathrawes Ysgol Llanfair-y-cwm. Yn ôl y Cyngor, mae'n costio llawer o arian i gadw ysgolion pentre ar agor. A dydy ysgolion bach ddim yn gallu rhoi'r un cyfleoedd i blant ag ysgolion mawr. Beth dych chi'n ddweud am hynny?'

---

cyfle (*ll.* cyfleoedd)   *opportunity*

'Mae'r ysgolion bach yn rhoi addysg wych i'r plant!' atebodd Mrs Pritchard. 'A 'dyn ni wedi bod yn siarad ag ysgolion bach eraill yn yr ardal am 'ffederaleiddio'. Basen ni'n gallu rhannu adnoddau a chostau, a rhoi mwy o gyfleoedd i'r plant. Dyna'r ffordd ymlaen, dim cau'r ysgolion!'

'Diolch i chi, Mrs Pritchard,' dwedodd y gohebydd. 'Gaf i ddod atoch chi nawr, Gwyneth Powell? Dych chi'n byw ym mhentre Llanfair-y-cwm. Pam mae'r ysgol yn bwysig i chi?'

'Mae'r ysgol yn bwysig i'r pentre cyfan,' atebodd Gwyneth. 'Tasen ni'n colli'r ysgol, basen ni'n colli calon y pentre! Cawson ni eisteddfod yno gwpwl o fisoedd yn ôl. 'Dyn ni'n cael pantomeimau, cyngherddau, clwb Cadw'n Heini, popeth. Mae pawb yn dod at ei gilydd yno.'

Yn yr orsaf betrol roedd Wil wrth ei fodd. Roedd hi'n anodd credu bod ei gymdogion a'i ffrindiau ar y teledu. Roedd pawb yng Nghymru'n clywed am ysgol Llanfair-y-cwm ac am eu protest nhw! Roedd Wil yn gallu clywed y dorf yn canu eto – cân i blant bach y tro yma. Cofiodd Wil fod rhai o'r rhieni wedi mynd â'u plant i'r brotest. Roedd hi'n beth gwych bod cylch 'Ti a Fi' i blant bach a'u rhieni wedi agor yn ysgol Llanfair, meddyliodd Wil. Roedd pobl o'r ystâd newydd wedi dechrau mynd â'u plant bach yno nawr. Ac roedd rhai wedi dechrau dysgu Cymraeg, hefyd.

---

ffederaleiddio   *to federalise*   adnoddau   *resources*

Y tu allan i Neuadd y Sir roedd pawb yn y dorf yn cael hwyl nawr, gwelodd Wil. Ro'n nhw'n pwyntio lan at do Neuadd y Sir wrth ganu 'Mi welais Jac y Do, yn eistedd ar ben to . . .' Chwarddodd Wil. 'Tybed beth mae'r Cyngor yn feddwl am hynny!' meddyliodd e.

Roedd Rhun ap Dafydd yn siarad eto. 'Mae'r bobl yma wedi bod yn gweithio'n galed ers misoedd i gadw ysgolion lleol ar agor,' dwedodd e wrth y camera. Wedyn trodd e at Gwyneth unwaith eto. 'Gwyneth Powell, dych chi'n un o'r bobl sy wedi trefnu'r ymgyrch "Achub yr Ysgolion Pentre". Beth fyddwch chi'n wneud os dych chi'n methu?'

'Methu?' gofynnodd Gwyneth, yn syn.

'Ie. Os ydy'r Cyngor yn penderfynu cau'r ysgol yn eich pentre chi.'

Gwenodd Gwyneth. 'Edrychwch ar y bobl yma,' dwedodd hi, gan bwyntio at y dorf. 'Mae'r gymuned gyfan y tu ôl i ni. 'Dyn ni ddim yn mynd i fethu!'

---

to	*roof*	methu	*to fail*
ymgyrch	*campaign*		

AR Y MAES

Roedd Siân yn eistedd ym Mhabell y Dysgwyr, yn yfed paned o goffi. Ar ôl crwydro maes yr Eisteddfod am oriau roedd hi'n falch o gael y cyfle i ymlacio. Roedd hi wedi ymweld â'r Pafiliwn Celf a Chrefft, y Neuadd Ddawns a'r Babell Lên, a nawr roedd hi wedi blino.

'Roedd rhai o'r lluniau 'na'n od iawn,' meddyliodd hi. 'Ond mwynheais i'r dawnsio gwerin a'r farddoniaeth.' Doedd hi ddim wedi deall llawer o'r farddoniaeth, a dweud y gwir, ond roedd hi wedi mwynhau gwrando beth bynnag. Edrychodd hi ar ei wats.

'Rhaid i mi fod yn siŵr o gyrraedd y Pafiliwn mewn pryd i weld Seremoni Coroni'r Bardd!' meddyliodd hi. Siŵr o fod basai cwt hir o bobl yn aros y tu allan i'r Pafiliwn. 'Gwell i mi fynd nawr,' dwedodd hi wrthi hi ei hun.

Cododd Siân o'i chadair a chasglu ei bagiau, oedd yn llawn taflenni a phethau o'r stondinau ar y maes. Aeth hi

Y Maes	*The Eisteddfod field*	Y Babell Lên	*The Literature Tent*
Pabell y Dysgwyr	*The Learners' Tent*	dawnsio gwerin	*folk dancing*
crwydro	*to wander*	barddoniaeth	*poetry*
falch o	*glad to*	Coroni'r Bardd	*The Crowning of the Bard*
Pafiliwn Celf a Chrefft	*The Arts & Crafts Pavilion*	cwt	*queue*
		taflen	*leaflet*
Y Neuadd Ddawns	*The Dance Hall*	stondin	*stall / stand*

allan i wres y prynhawn. Roedd hi'n gallu gweld lliw pinc llachar y Pafiliwn a dechreuodd hi gerdded tuag at y babell enfawr. Yn sydyn, sylwodd hi ar rywun yn dod tuag ati hi.

'Lowri?' gofynnodd Siân. Edrychodd y fenyw arni hi.

'Helô, sut dych chi?' atebodd Lowri'n ansicr.

'Mae'n rhaid ei bod hi'n ddeg mlynedd ers i mi'ch gweld chi!' meddai Siân. 'Dych chi'n cofio? Ro'n ni yn y dosbarth Cymraeg gyda'n gilydd, yn y flwyddyn gyntaf.'

'O ie, dw i'n cofio nawr,' atebodd Lowri.

'Pam gadawoch chi'r dosbarth, Lowri? Do'n ni ddim yn gwybod beth oedd wedi digwydd i chi!'

'Wel . . .' dechreuodd Lowri, ond torrodd Siân ar ei thraws hi.

'Mae'n drueni mawr! Mae'r Gymraeg mor bwysig, yn fy marn i. Mae llawer ohonon ni wedi cario 'mlaen. Mae rhai wedi sefyll yr arholiad Safon Uwch, hyd yn oed!'

'Wel, symudais i ac . . .' dechreuodd Lowri, cyn i Siân dorri ar ei thraws unwaith eto.

'Wel, dw i'n meddwl ei bod hi'n drist iawn pan mae pobl yn gadael i bethau eu stopio nhw. Dw i'n teimlo fel rhoi'r gorau iddi fy hun, weithiau. Ond dw i wedi dal ati. A dw i wedi cael llawer o hwyl wrth ddysgu Cymraeg!'

Roedd Lowri'n cofio Siân yn dda iawn nawr! Roedd Siân wedi bod yn boen yn y dosbarth. Basai hi'n torri ar

torri ar draws	*to interrupt*	sefyll arholiad	*to sit an exam*
mae'n drueni mawr	*it's a great pity*	rhoi'r gorau iddi	*to give it up*
		dal ati	*to keep at it*

draws pobl drwy'r amser ac yn siarad, siarad, siarad, heb wrando ar neb arall.

'Ond wnes i ddim . . .' protestiodd Lowri. Ond roedd Siân ar gefn ei cheffyl.

'Does dim ots! Dydy hi byth yn rhy hwyr. Dych chi'n gallu dechrau eto. Dw i'n siŵr bod dosbarthiadau yn eich ardal chi.'

Roedd Siân yn dechrau mynd dan groen Lowri. 'Ond . . .' dechreuodd hi eto.

'Mae'n rhaid i mi fynd!' gwaeddodd Siân, gan edrych ar ei wats. 'Dw i eisiau cyrraedd y Pafiliwn mewn pryd. Mae'r Coroni'r prynhawn 'ma. O'ch chi'n gwybod? Mae hi mor gyffrous yn y Pafiliwn! Mae hi'n brofiad arbennig iawn. Mae'r beirdd mor bwysig i'r iaith Gymraeg! Wel, hwyl nawr, a gwnewch yn siŵr eich bod chi'n trio'r Gymraeg eto!'

Brysiodd Siân i ffwrdd, heb aros i glywed ateb Lowri.

'Bobl bach!' meddyliodd Lowri. Roedd hi'n falch bod Siân wedi mynd. Roedd ei meddwl yn llawn pethau eraill ac roedd Siân yn ormod iddi hi. Cerddodd i gyfeiriad y babell fwyd i gwrdd â'i ffrindiau a'i phlant. Gwelodd hi Catrin, ei merch naw oed, yn rhedeg tuag ati hi.

'Mam!' galwodd Catrin. 'Edrycha beth sy gyda fi!' Dangosodd hi fag llawn o bethau bach o'r stondinau.

'Dw i'n gallu gweld dy fod di wedi bod yn cael amser da, Catrin,' chwarddodd Lowri. 'Ble mae Llŷr?'

---

ar gefn ei cheffyl   *on her high horse*   i gyfeiriad   *in the direction*
profiad   *experience*

Ond yna gwelodd hi ei mab saith oed yn rhedeg tuag ati. Roedd ffrindiau Lowri'n ei ddilyn.

'Wyt ti wedi cael cyfle i ymlacio, Lowri?' gofynnodd ei ffrind, Jenny, gan wenu arni.

'Ydw, diolch. A diolch am ofalu am y plant,' atebodd Lowri. Roedd hi'n falch iawn bod ffrindiau da gyda hi heddiw. 'Oedd hi'n dda yn y Babell Wyddoniaeth?'

'Wel, roedd popeth dros fy mhen i! Ond roedd y plant wrth eu bodd. Beth bynnag,' dwedodd Jenny, gan roi ei llaw ar ysgwydd ei ffrind, 'gwell i ni fynd nawr, Lowri. Dere!'

'Iawn,' atebodd Lowri. 'Dewch ymlaen, blant!'

Roedd Siân yn aros y tu allan i'r Pafiliwn. Yn sydyn agorodd y stiwardiaid y drysau a dechreuodd y dorf wthio ymlaen. Roedd hi'n gyffrous iawn. Llwyddodd Siân i ffeindio sedd gyda golygfa dda. Roedd hi'n dwlu ar seremonïau'r Eisteddfod. Roedd hi'n hoffi gweld Gorsedd y Beirdd yn eu gwisgoedd gwyn, gwyrdd a glas. Ac o flaen yr Orsedd, y Gadair hardd ar gyfer y Prifardd newydd. Roedd hi'n hyfryd clywed y cyrn yn canu ac wedyn gweld y seremoni gyda'r cleddyf mawr, ac ymuno â phawb wrth iddyn nhw weiddi 'Heddwch!'

Y Babell Wyddoniaeth	*The Science Tent*	Prifardd	*'Chief poet' (i.e. a winner of the Crown or Chair)*
dros fy mhen	*over my head*		
torf	*crowd*		
Gorsedd y Beirdd	*The Circle of Bards*	corn (*ll.* cyrn)	*horn*
		cleddyf	*sword*
gwisg (*ll.* gwisgoedd)	*robe*	heddwch	*peace*

Basai hi'n crio wrth wylio'r plant yn dawnsio ac yn cyflwyno blodau i'r Bardd.

Ond roedd hynny i gyd i ddod eto. Nawr roedd y beirniad yn siarad am y cerddi. Aeth llawer o'i eiriau dros ei phen, ond mwynhaodd hi wrando arno fe. Roedd hi'n gwybod bod pawb yn aros i glywed a oedd enillydd eleni, a phwy oedd e, neu hi! O'r diwedd, daeth yr amser. Cyhoeddodd y beirniad ffugenw'r enillydd – 'Dant y Llew'.

Roedd Siân yn gallu teimlo'r cyffro yn y babell enfawr. Camodd yr Archdderwydd ymlaen, ac roedd tawelwch yn y Pafiliwn.

'Ar ganiad y Corn Gwlad,' galwodd yr Archdderwydd. 'A wnaiff Dant y Llew, a Dant y Llew yn unig, sefyll ar ei draed, neu ar ei thraed!'

Canodd y ddau gorn hir eu ffanffer. Dawnsiodd y goleuadau o gwmpas y babell a'r dorf. Roedd y cyffro'n tyfu'n fwy ac yn fwy. Yna arhosodd y golau ar rywun yn y cefn, oedd wedi sefyll i fyny. Roedd pawb yn ceisio gweld pwy oedd 'Dant y Llew'. Ond doedd Siân ddim yn gallu gweld yn dda achos bod gormod o bobl yn y ffordd. Aeth yr osgordd i gyrchu Dant y Llew a rhoi gwisg y bardd buddugol amdano. O'r diwedd, trodd y

cyflwyno	*to present*	Yr Archdderwydd	*The Archdruid*
beirniad	*adjudicator*	ar ganiad	*at the playing of*
cerdd (*ll.* cerddi)	*poem*	a wnaiff . . .	*will . . .*
enillydd	*winner*	sefyll ar ei draed	*stand up*
eleni	*this year*	golau (*ll.* goleuadau)	*light*
cyhoeddi	*to announce*	gosgordd	*escort*
ffugenw	*pseudonym*	cyrchu	*to escort*
camu ymlaen	*to step forward*	buddugol	*victorious*

Prifardd newydd yn ei gwisg borffor i gerdded tuag at y llwyfan, a gwelodd Siân ei hwyneb.

'Lowri!' sibrydodd Siân. 'Dydy hi ddim yn bosibl!' Gwyliodd hi mewn sioc wrth i Lowri gerdded heibio.

Roedd plant Lowri'n neidio lan a lawr yn gyffrous wrth i'w mam gamu i oleuadau'r llwyfan. Roedd sŵn y dorf yn curo dwylo fel taranau wrth i Lowri gerdded ymlaen i dderbyn ei choron.

---

llwyfan	*stage*	taranau	*thunder*
curo dwylo	*to clap, applaud*		

AR LAN Y MÔR

'Pa mor bell ydy hi nawr, Dad?'

'Ddim yn bell, Guto,' atebodd Dewi. Roedd y teulu ar eu ffordd i Geinewydd – Dewi a Heledd, y rhieni, Guto, wyth oed, a Sioned, ei chwaer, oedd yn ddwy.

'Wyt ti'n meddwl gwelwn ni'r dolffiniaid heddiw?'

'Gobeithio, wir, Guto,' atebodd Dewi.

'Gaf i fynd i'r môr yn syth ar ôl i ni gyrraedd?' gofynnodd Guto, oedd yn gyffro i gyd.

'Wel, bydd rhaid i ni ffeindio'r bwthyn yn gyntaf,' atebodd Heledd, 'a dadbacio'r car. Ond wedyn awn ni i'r traeth. Efallai cawn ni bysgod a sglodion hefyd.'

'Sglods!' gwaeddodd Sioned yn hapus o'i sedd yn y cefn.

Doedd hi ddim yn hawdd ffeindio'r bwthyn bach roedd y teulu wedi'i rentu am wythnos yng Ngheinewydd. Ond ar ôl gyrru'n araf o gwmpas y strydoedd cul cyrhaeddon nhw Sŵn-y-Don. Bwthyn bach pert oedd e, wedi'i beintio'n binc. Roedd e'n sefyll hanner ffordd lan y bryn, dim ond dau gan llath o'r cei.

'Dyma ni!' galwodd Heledd. 'Mae hyn yn wych! Edrychwch!' O'r bwthyn ro'n nhw'n gallu edrych i lawr

pa mor bell ydy hi?	*how far is it?*	dau gan llath	*two hundred yards*
dadbacio	*to unpack*	cei	*quay*
Sŵn y Don	*The Sound of the Wave*		

ar y bae hardd. Wrth y cei roedd llawer o gychod lliwgar. I'r dde roedd y traeth hir, melyn. Roedd y môr yn disgleirio fel arian yn yr haul.

'Beth am fynd allan mewn cwch?' gofynnodd Guto. 'Basen ni'n siŵr o weld y dolffiniaid wedyn!'

'Cawn ni weld,' atebodd ei Dad. 'Mae Sioned yn rhy fach i fynd mewn cwch. Ond paid â phoeni! Does dim rhaid mynd allan i'r môr i weld y dolffiniaid. Maen nhw'n dod reit i mewn i'r bae, mae'n debyg.'

Drwy'r wythnos roedd y tywydd yn sych ac yn braf. Weithiau roedd hi'n niwlog yn y bae yn y bore. Ond ar ôl i'r niwl glirio basai'r haul yn gwenu arnyn nhw drwy'r dydd. Treuliodd y teulu bob dydd ar y traeth. Roedd Heledd a Dewi'n hapus yn ymlacio, torheulo a darllen. Roedd y plant wrth eu bodd yn gwneud cestyll tywod, casglu cregyn a chwarae yn y dŵr. Weithiau basai'r teulu'n mynd am dro bach ar hyd y cei i wylio'r cychod yn mynd a dod yn y bae.

Gyda'r nos, ar ôl i'r plant fynd i'r gwely, basai Dewi a Heledd yn eistedd yn y lolfa'n siarad yn dawel ac yn edrych allan i'r môr. Ro'n nhw'n gallu gweld yr awyr yn troi'n goch, pinc ac oren, wrth i'r haul fachlud.

'Dylen ni wneud mwy o hyn,' dwedodd Heledd un noson.

cwch (*ll.* cychod)	*boat*	tywod	*sand*
lliwgar	*colourful*	casglu	*to collect*
disgleirio	*to shine*	cragen (*ll.* cregyn)	*shell*
arian	*silver*	machlud	*to set*
torheulo	*to sunbathe*		(*i.e. the sun*)
castell (*ll.* cestyll)	*castle*		

'Mwy o beth?' gofynnodd Dewi.

'Ymlacio gyda'n gilydd. Mae gormod i'w wneud gartre. Hoffwn i aros yma am byth.'

'Fi hefyd,' cytunodd Dewi, gan roi ei freichiau am Heledd a'i chusanu.

Aeth y dyddiau hamddenol heibio'n araf. Roedd Heledd a Dewi a'r plant yn mwynhau'u hunain yn fawr iawn. Ond roedd un peth yn siom iddyn nhw. Doedden nhw ddim wedi gweld dolffiniaid. Dydd Iau aeth Heledd a Guto ar daith mewn cwch. Ymwelon nhw â Chraig-yr-adar, lle gwelon nhw lawer o adar yn nythu, a Bae'r Morloi, lle roedd morloi llwyd yn cysgu ar y traeth. Roedd y ddau wrth eu bodd yn y cwch, ond doedd dim dolffiniaid i'w gweld.

'Dw i ddim yn credu bod dolffiniaid yma o gwbl!' dwedodd Guto'n siomedig, ar ddiwedd y daith.

'Oes. Maen nhw yno,' dwedodd y dyn ifanc oedd yn gweithio ar y cwch. 'Ond maen nhw'n symud o gwmpas y bae. Maen nhw'n dilyn y pysgod. Edrychwch am y macrell. Os dych chi'n gweld llawer o bysgod arian yn dod i mewn, bydd y dolffiniaid yn siŵr o'u dilyn.' Ond er i Guto wylio'r môr bob dydd, welodd e ddim macrell, na dolffiniaid chwaith.

Diwrnod olaf y gwyliau roedd rhaid pacio a glanhau'r bwthyn. Wedyn aeth y teulu i lawr i'r traeth i fwynhau eu prynhawn olaf yno cyn mynd adre i Wrecsam. Ro'n

---

nythu	*to nest*	macrell	*mackerel*
morlo (*ll.* morloi)	*seal*	er	*although*

nhw'n eistedd yno'n cael eu brechdanau pan ddaeth menyw ifanc heibio, gyda bachgen bach.

'Shw' mae!' galwodd y fenyw. 'Mae hi'n braf, on'd yw hi?'

'Ydy, mae hi'n fendigedig,' cytunodd Heledd a Dewi. Aeth y fenyw a'r bachgen i lawr at y môr. Roedd dingi bach gyda nhw. Gwyliodd Guto'r bachgen yn genfigennus.

'Gaf i fynd i nofio?' gofynnodd e.

'Dim eto,' atebodd Heledd. 'Gorffenna dy ginio'n gyntaf.' Ar ôl bwyta'i frechdanau'n gyflym rhedodd Guto at y môr. Erbyn hyn roedd y fenyw a'r bachgen yn chwarae gyda phêl fawr, liwgar. Arhosodd Guto i wylio'r ddau'n taflu'r bêl.

'Wyt ti eisiau chwarae?' galwodd y fenyw. Ymunodd Guto yn yr hwyl. Ymlaciodd Heledd a Dewi ac aeth Sioned i gysgu dan yr ymbarél haul.

Roedd Dewi a Heledd yn hanner cysgu pan ddaeth y fenyw ifanc atyn nhw.

'Dw i wedi blino'n lân!' dwedodd hi, gan chwerthin. 'Ond mae'r plant yn chwarae o hyd. 'Dyn nhw ddim wedi blino! Ydy hi'n iawn os ydy Guto'n aros yna'n chwarae gyda Meurig?' Pwyntiodd hi at y bechgyn oedd yn rhedeg ar hyd y traeth ar ôl y bêl. 'Dw i wedi dweud wrthyn nhw am beidio â mynd i'r dŵr heb ofyn.'

'Gwych,' atebodd Dewi. 'Mae'n braf i Guto gael y cyfle i chwarae gyda bachgen arall. Dewi dw i, a dyma Heledd. 'Dyn ni'n dod o Wrecsam.'

---

cenfigennus   *envious*   o hyd   *still*

56

'Eleri dw i,' atebodd y fenyw ifanc. 'O Abertawe. 'Dyn ni yma am y penwythnos – fi a Meurig, fy mab.'

'O Abertawe!' dwedodd Heledd. 'Ces i fy ngeni yn Abertawe. Mae teulu gyda fi yno o hyd.' Aeth y ddwy ymlaen i siarad am Abertawe a'r bobl ro'n nhw'n eu nabod yno. Ceisiodd Dewi fod yn gwrtais, ond roedd e'n teimlo'n gysglyd iawn. Caeodd ei lygaid.

Dihunodd Dewi'n sydyn. Edrychodd e o'i gwmpas. Roedd Heledd a Sioned yn cysgu wrth ei ochr. Ond ble roedd Guto? Cododd Dewi ac aeth i lawr at y môr, lle roedd plant yn chwarae yn y tonnau bach. Ond doedd Guto ddim yno. Yn sydyn clywodd Dewi lais plentyn yn galw. Roedd e'n swnio fel llais Guto. Doedd Dewi ddim yn siŵr, gan fod y plant o'i gwmpas yn gweiddi wrth chwarae yn y dŵr. Wedyn clywodd e'r llais eto.

'Dad! Mam! Helpwch fi!' Ceisiodd Dewi edrych allan i'r môr. Roedd yr haul yn ei lygaid, ond roedd e'n gallu gweld rhywbeth yno, yn bell o'r traeth. Wedyn clywodd e lais arall.

'Dewi!' Trodd Dewi ei ben a gwelodd Eleri'n rhedeg tuag ato, gyda Meurig yn rhedeg ar ei hôl hi.

'Dewi, mae'n flin 'da fi, ond mae Meurig newydd ddweud wrtho i. Roedd Guto'n chwarae gyda'r dingi bach, ac mae e wedi cael ei gario allan! Dyna fe, edrychwch!' Edrychodd Dewi allan i'r bae. Y tro yma gwelodd e'r cwch bach du a Guto ynddo, yn chwifio'i fraich.

---

ton (*ll.* tonnau) *wave* chwifio *to wave*

'Duw annwyl!' gwaeddodd Dewi. 'Ffoniwch yr heddlu!' Trodd e a rhedeg i'r môr. Dechreuodd e nofio'n wyllt.

'Arhoswch! Dewi!' gwaeddodd Eleri ar ei ôl e, ond roedd Dewi wedi mynd.

Roedd Dewi'n teimlo'n hyderus. Roedd e'n ddyn cryf, ac yn nofiwr da. Roedd e'n gallu gweld Guto yn y cwch, a doedd e ddim yn rhy bell i ffwrdd. Basai e'n gallu ei gyrraedd e'n hawdd. Ond wrth i Dewi nofio'n bellach, aeth pethau'n fwy anodd. Roedd y tonnau'n uwch nawr, a doedd Dewi ddim yn gallu gweld drostyn nhw. Roedd rhaid iddo stopio bob hyn a hyn i weld ble roedd Guto. Sylweddolodd e hefyd fod y môr yn ei gario i'r dde. Roedd hi'n anodd bod yn siŵr a oedd e'n nofio i'r cyfeiriad iawn. Roedd e'n dod yn agosach at Guto, ond yn araf iawn. Ac roedd e'n dechrau blino.

Stopiodd Dewi yn y dŵr unwaith eto i geisio gweld Guto. Roedd y cwch bach yno o hyd, a Guto ynddo fe. Oedd e wedi gweld ei dad yn y dŵr? Oedd e'n gwybod bod Dewi'n dod i'w achub? Ceisiodd Dewi alw ar ei fab.

'Guto!' Ond daeth ton fawr drosto. Aeth dŵr i mewn i'w geg a'i lygaid. Pesychodd Dewi a dechreuodd frwydro ymlaen unwaith eto. Roedd ofn arno fe nawr.

'Beth os ydy Guto'n cael ei gario allan o'r bae?' meddyliodd e'n wyllt. 'Mae rhaid i mi ei gyrraedd e, cyn iddi hi fod yn rhy hwyr!'

---

uwch	*higher*	cyfeiriad	*direction*
bob hyn a hyn	*every now and then*	agosach	*nearer*
sylweddoli	*to realise*	brwydro	*to battle*

Erbyn hyn roedd pobl ar y traeth a'r cei wedi sylwi ar beth oedd yn digwydd. Roedd torf yno'n gwylio'r cwch bach a'r dyn oedd yn nofio ar ei ôl e. Roedd Heledd yn sefyll wrth ymyl y dŵr gyda Sioned yn ei breichiau. Roedd hi'n syllu allan i'r môr ac yn gweiddi enw ei mab. Roedd Eleri a Meurig wrth ei hochr.

'Bydd y bad achub yma unrhyw funud,' dwedodd Eleri. 'Byddan nhw'n codi Guto a Dewi mewn chwinciad, mae'n siŵr.' Ond roedd ofn mawr ar Heledd.

'Ble mae e?' gwaeddodd hi. 'Mae'n mynd i fod yn rhy hwyr!'

Roedd Dewi'n nofio'n araf iawn nawr. Ond roedd e'n benderfynol o gadw i fynd, a cheisio cyrraedd ei fab. Chwiliodd e am y dingi unwaith eto. Yn sydyn gwelodd e fod Guto yn dod yn agosach ato fe. Roedd y cwch bach wedi dechrau symud tua'r traeth! Cododd ei galon.

'Rhaid bod y llanw wedi troi!' meddyliodd Dewi. 'Mae Guto'n mynd i fod yn iawn!' Galwodd e ar Guto, a'r tro yma clywodd y bachgen ei dad.

'Dad!' galwodd e'n gyffrous. 'Dw i yma!' Dechreuodd Dewi nofio unwaith eto. O'r diwedd cyrhaeddodd e'r cwch.

'Guto! Diolch byth!' dwedodd Dewi. 'Mae popeth yn iawn. Rwyt ti'n saff nawr.'

| torf | *crowd* | tua | *towards* |
| bad achub | *lifeboat* | llanw | *tide* |

Awr yn ddiweddarach roedd Dewi, Heledd a'r plant yn eistedd mewn caffi bach wrth y cei. Roedd Dewi a Guto wedi cael dau baned o siocled poeth yr un.

''Na antur!' dwedodd Guto'n hapus. Roedd e'n edrych ymlaen at ddweud wrth ei ffrindiau ysgol am ei antur fawr ar y môr. Ond roedd wynebau ei rieni'n wyn, ac roedd dwylo Dewi'n crynu.

'Cael a chael oedd hi,' dwedodd Dewi'n dawel wrth Heledd. 'Mae'n ofnadwy meddwl beth fasai wedi digwydd tasai'r llanw ddim wedi troi.'

'Ond Dad,' dwedodd Guto. 'Ro'n i'n iawn, wir. Daeth dolffin i fy helpu i. Fe oedd wedi gwthio'r cwch tua'r traeth!'

Gwenodd Dewi arno. 'Wel, rwyt ti'n saff, beth bynnag. Dyna'r unig beth sy'n bwysig.'

'Ond gwelais i fe, wir i ti!' protestiodd Guto. Rhoiodd Heledd ei braich amdano.

'Dere nawr, cariad,' dwedodd hi. 'Mae'n bryd i ni fynd adre.'

Ar y cei roedd hen ddyn lleol, Robert Evans, yn pysgota. Roedd hi wedi bod yn brynhawn da iawn i bysgota, meddyliodd Robert. Roedd e wedi dal digon o facrell i wneud swper da, a brecwast yfory, hefyd. Nawr roedd hi'n bryd pacio a mynd adre. Cyn gadael y cei edrychodd e allan i'r môr. Arhosodd. Yn sydyn gwelodd

yn ddiweddarach	*later*	cael a chael	*touch and go*
'Na antur!	*What an*	lleol	*local*
	adventure!	yn bryd i	*time to*
crynu	*to tremble, shake*		

60

e rywbeth llwyd yn neidio o'r dŵr. Wedyn un arall. 'Dyna nhw eto!' dwedodd e wrtho fe'i hunan. Roedd Robert yn byw ar lan y môr ers blynyddoedd. Ond roedd e'n dal i deimlo'r un wefr pan oedd e'n gweld y dolffiniaid. Daliodd i edrych wrth i'r dolffiniaid nofio'n araf ar draws y bae a diflannu yn y pellter.

---

neidio	*to leap, jump*	ar draws	*across*
gwefr	*thrill*	diflannu	*to disappear*
daliodd i edrych	*continued to look*	pellter	*distance*

HUNLLEF GO-IAWN

Agorais i fy llygaid. Roedd hi'n bedwar o'r gloch, yn ôl
y cloc digidol wrth ochr y gwely. Ro'n i wedi edrych ar
y cloc bob hanner awr yn ystod y nos. Ond o'r diwedd
roedd y diwrnod wedi cyrraedd – diwrnod yr arholiad
Cymraeg. Doedd dim pwynt ceisio mynd yn ôl i gysgu
nawr. Do'n i ddim wedi cysgu llawer ers wythnos, na
bwyta llawer chwaith (dim ond tabledi fitaminau, i
helpu gyda'r straen). Beth bynnag, ro'n i eisiau gwneud
tipyn bach o baratoi munud olaf.

Ro'n i wedi bod yn paratoi ers misoedd, gan fynd i
bob dosbarth, ysgol un-dydd a phenwythnos Cymraeg
posibl. Ro'n i wedi gwneud pob darn o waith cartref, ac
wedi gwrando ar Radio Cymru a gwylio S4C bob dydd.
(Ond dim *Pobol y Cwm*. Maen nhw'n siarad yn rhy
gyflym! Dyna fy uchelgais nesa i – deall *Pobol y Cwm*.)
Ro'n i wedi gwneud fy ngorau glas. Ond yn sydyn
dechreuais i boeni. O'n i wedi gor-baratoi? Beth taswn i
wedi *peaked too early*? Codais un o'r llyfrau gramadeg
oedd wrth ochr y gwely bob amser, i dawelu fy hunan.
Y Treiglad Trwynol, perffaith! Dw i wrth fy modd
gyda'r treigladau. Does dim ots 'da fi os ydy pobl eraill
yn meddwl fy mod i'n 'drist'.

---

hunllef go-iawn	*a real nightmare*	uchelgais	*ambition*
arholiad	*exam*	fy ngorau glas	*my very best*
paratoi	*to prepare*	gor-baratoi	*to over-prepare*

Dechreuodd pethau fynd o chwith pan o'n i yn y gawod. Wrth i mi olchi fy ngwallt aeth y dŵr yn oer. Wedyn roedd fy nwylo'n crynu wrth i mi eillio, a doedd dim plasteri yn y tŷ. Roedd rhaid i mi roi sawl darn bach o bapur tŷ bach pinc ar fy wyneb i stopio'r gwaed.

Es i i'r gegin wedyn i wneud paned ond cofiais i'n sydyn fy mod i wedi rhoi'r llaeth i gyd i'r gath neithiwr. (Dydy hi ddim yn gallu cysgu oni bai ei bod hi wedi cael ei soseraid o laeth gyda'r nos.) Roedd hi'n rhy gynnar i'r dyn llaeth – dydy e ddim yn cyrraedd tan chwech o'r gloch ac ro'n i eisiau gadael y tŷ erbyn hynny er mwyn cyrraedd yr arholiad erbyn naw. (Dw i'n gwybod bod tair awr yn amser hir am daith un deg pum milltir, ond ro'n i eisiau gwneud yn siŵr.) Mae'n gas 'da fi adael y tŷ yn y bore cyn cael o leia tri phaned o de. Ond ro'n i'n gwybod baswn i'n gallu prynu te yn y caffi yn yr orsaf.

Ro'n i wedi penderfynu teithio i'r arholiad ar y trên er mwyn cael cyfle i ymlacio ac edrych ar fy llyfrau Cymraeg. Cerddais y pedair milltir i'r orsaf. Erbyn i mi gyrraedd roedd syched ofnadwy arna i. Ond roedd caffi'r orsaf ar gau. Roedd darn o bapur melyn ar y drws yn dweud *Yn ôl mewn pum munud*, ond wedi i mi aros am dri chwarter awr roedd hi'n amlwg nad oedd neb yn dod i wneud paned i neb y bore yna. Na byth eto, efallai. Felly edrychais i yn fy mhoced am losin. Roedd hen

mynd o chwith	*to go wrong*	oni bai	*unless*
crynu	*to tremble, shake*	er mwyn	*in order to*
eillio	*to shave*	cyfle	*opportunity*
gwaed	*blood*		

doffi yn y gwaelod. Roedd e'n eitha da wedi i mi dynnu'r blew i ffwrdd.

Ro'n i'n bwriadu dal y trên chwarter wedi saith. Erbyn chwarter i wyth doedd dim sôn am y trên. Dechreuais i banico. Ble roedd y trên? Baswn i'n siŵr o golli'r arholiad! Dylwn i fod wedi ffonio *British Rail* i wneud yn siŵr bod y trenau'n rhedeg yn iawn, meddyliais i. Do'n i ddim yn gallu penderfynu beth i'w wneud. Cerdded adre a mynd i'r arholiad yn y car? Ond efallai basai'r trên yn cyrraedd ddau funud ar ôl i mi adael yr orsaf! Neu aros am y trên? Ond efallai fasai e ddim yn dod o gwbl!

Erbyn i'r trên gyrraedd o'r diwedd, ro'n i bron â chrio. Doedd dim seddi ar gael yn y trên, felly roedd rhaid i mi sefyll. Ond ceisiais i ymlacio, gan wneud ymarferion *Yoga*. Edrychodd rhai pobl arna i'n od a symud i ffwrdd. Dw i ddim yn gwybod pam. Mae *Yoga*'n dda iawn i chi.

Doedd e ddim yn syniad da iawn, efallai, i mi redeg yr holl ffordd o'r orsaf i'r ganolfan arholiad. Ro'n i'n gwybod taw enw'r lle oedd Tŷ Bryn, ond doedd neb wedi dweud pa mor serth oedd y bryn! Cerddais i'n sigledig i'r ystafell arholiad. Roedd hi'n wych cael eistedd o'r diwedd! Ro'n i wedi blino'n lân erbyn hyn. Roedd pum munud i aros cyn i'r arholiad ddechrau. Ceisiais i ymlacio, gan wneud fy ymarferion *Yoga* eto.

---

blew	*fluff*	ymarferion	*exercises*
dim sôn am	*no sign of*	serth	*steep*
bron â chrio	*nearly crying*	yn sigledig	*shakily*
seddi	*seats*		

'Trowch eich papurau drosodd nawr,' dwedodd y dyn oedd yn arolygu'r arholiad. Edrychais ar y cwestiwn cyntaf. Ond ces i sioc. Do'n i ddim yn gallu deall yr un gair! Syllais ar y papur, wedyn troi i'r dudalen nesa. Ond roedd popeth yn edrych fel tasai e mewn iaith hollol ddieithr! Edrychais o gwmpas yr ystafell. Roedd pawb arall yn ysgrifennu'n brysur. Dechreuais i deimlo'n ofnadwy. Do'n i ddim wedi paratoi'n ddigon da, wedi'r cwbl!

Wedyn ces i syniad. Efallai bod yr arolygwr wedi gwneud camgymeriad. Roedd e wedi rhoi'r papur anghywir i mi! Papur arholiad Arabeg neu rywbeth oedd e. Penderfynais godi fy llaw a gofyn am y papur iawn. Ond do'n i ddim yn gallu symud fy mraich! Ceisiais i godi. Do'n i ddim yn gallu symud fy nghoesau chwaith. Agorais i fy ngheg i siarad. Triais i eto. Ro'n i'n teimlo fel taswn i'n gweiddi. Ond dim ond sibrwd bach ddaeth o fy ngheg. Chlywodd y dyn ddim. Doedd dim byd amdani. Ro'n i'n mynd i fethu'r arholiad Cymraeg!

*   *   *

Dihunais i'n araf, gan rwbio fy llygaid blinedig. Dyna beth oedd rhyddhad! Hunllef oedd hi, meddyliais i; un o'r hunllefau dych chi'n eu cael am arholiadau. (Dw i'n

arolygu arholiad	*to invigilate*	sibrwd	*whisper*
yr un gair	*a single word*	dihuno	*to wake up*
tudalen	*page*	Dyna beth oedd	*What a relief!*
hollol	*completely*	rhyddhad!	
dieithr	*strange, foreign*		

cael llawer o freuddwydion tebyg. Mewn un dw i'n actio mewn drama, ond heb ddysgu fy llinellau. Weithiau dw i'n cerdded i lawr y stryd yn noethlymun. Neu dw i'n eistedd ar y toiled a phawb yn gallu fy ngweld i, â fy nhrowsus i lawr.) Ro'n i wedi cael breuddwyd ofnadwy, ond doedd hi ddim yn wir. Roedd popeth yn iawn, wedi'r cwbl.

Ond na, do'n i ddim yn fy ngwely! Ro'n i'n eistedd ar gadair galed, mewn ystafell ddosbarth. Beth yn y byd oedd yn digwydd? Wedyn clywais i ddyn yn dweud,

'Mae'r amser ar ben. Rhowch eich ysgrifbinnau i lawr, os gwelwch yn dda.'

Edrychais i lawr ar y ddesg. Roedd y papur arholiad yno o hyd. Ro'n i'n gallu ei ddeall yn iawn nawr. Ond do'n i ddim wedi ysgrifennu'r un gair. Ro'n i wedi cysgu drwy'r arholiad cyfan.

---

breuddwyd	*dream*	mae'r amser ar ben	*time's up*
tebyg	*similar*	ysgrifbin	*pen*
noethlymun	*stark naked*	cyfan	*whole*

AR Y BONT

Mae Ceri'n cerdded yn araf o'r archfarchnad. Mae hi wedi blino ar ôl wythnos hir yn y gwaith. Ac mae ei bagiau'n drwm. Mae hi'n eistedd ar fainc yng nghanol y dre i ymlacio am funud.

Mae hi wedi bod yn wythnos brysur iawn yn y swyddfa lle mae Ceri'n gweithio. Fel arfer mae hi'n hoffi ei swydd a'r bobl yn y gwaith. Ond weithiau mae gormod o bwysau yno.

Mae Ceri'n gwylio'r bobl yn mynd heibio. Mae hi'n adnabod llawer o'r wynebau. Tre farchnad fach ydy hon, ac mae hi'n teimlo'n saff ac yn gartrefol yma. Ond weithiau mae hi'n meddwl bod y dre dipyn bach yn ddiflas. Weithiau mae hi'n breuddwydio am fynd i rywle newydd a chyffrous.

Dydy Ceri ddim eisiau mynd adre. Mae ei phlant yn aros yng nghartref eu tad y penwythnos yma. Bydd y tŷ'n unig heno. Does dim ond gwaith tŷ'n aros amdani hi, a dim byd o werth ar y teledu.

'Dylwn i ddechrau mynd allan mwy,' mae hi'n meddwl. 'Ond mae hynny'n ddrud. A basai rhaid i mi gael rhywun i ofalu am y plant. O wel . . .'

Mae hi'n edrych dros y stryd ac yn sylwi ar boster am y Loteri.

mainc / bainc	*bench*	cartrefol	*at home / homely*
pwysau	*pressure*	breuddwydio	*to dream*
adnabod	*to recognise*	o werth	*good*

67

'Basai hynny'n datrys fy mhroblemau!' mae hi'n meddwl. 'Baswn i'n gallu newid fy mywyd, gyda miliwn o bunnau!' Nawr ac yn y man mae Ceri'n prynu tocyn Loteri, yn enwedig pan mae hi'n teimlo'n isel.

Mae hi'n codi ei bagiau ac yn cerdded i'r siop. Dydy hi ddim yn petruso'n hir. Wedi'r cwbl, bydd hi'n gyffrous gwylio'r Loteri ar y teledu heno. Mae hi'n mynd at y cownter ac yn prynu tocyn. Dim ond un, achos ei bod hi ddim eisiau colli mwy nag un bunt. Pan mae hi'n gadael y siop mae ei chalon wedi codi ac mae hi'n cerdded adre'n gyflym.

Ar ôl swper mae Ceri'n ymlacio o flaen y teledu gyda phaned o de, yn edrych ar y Sioe Loteri. Ond mae ei meddwl yn bell i ffwrdd. Mae hi'n dychmygu beth fasai hi'n ei wneud tasai hi'n ennill arian mawr.

'Baswn i'n gadael y gwaith a threulio pob dydd yn cael hwyl! A baswn i'n prynu popeth mae'r plant eisiau,' mae hi'n meddwl. 'Basen ni'n symud i dŷ mawr yng nghefn gwlad. A baswn i'n prynu car drud!' Nawr mae Ceri'n mwynhau'r freuddwyd gyffrous. 'Fasai dim rhaid i mi boeni am ddim byd,' mae hi'n meddwl. 'Baswn i'n gallu eistedd a darllen a bwyta siocledi drwy'r dydd!'

Yn sydyn mae hi'n gweld bod y peiriant Loteri ar y sgrin. Mae'r peli'n dechrau dawnsio. Mae hi'n edrych ar ei thocyn. Mae'r bêl gyntaf yn ymddangos – rhif 23.

---

datrys	*to solve*	petruso	*to hesitate*
bywyd	*life*	dychmygu	*to imagine*
nawr ac yn y man	*now and then*	ymddangos	*to appear*
yn enwedig	*especially*		

'Ie!' mae Ceri'n gweiddi. Yna'r bêl nesa – rhif 19. 'Un arall!' Wedyn y drydedd bêl – rhif 4. Y bedwaredd, y bumed, y chweched . . . Mae pob rhif gyda hi!

Mae ei chalon yn curo'n gyflym. Mae'r tocyn yn crynu yn ei llaw.

'Dw i wedi gwneud camgymeriad, siŵr o fod,' mae hi'n dweud wrthi hi ei hun. 'Does bosib fod hyn yn wir!'

Wrth iddyn nhw aildrefnu'r peli ar y sgrîn mae hi'n edrych ar y rhifau unwaith eto. Mae'n wir – mae hi wedi ennill! Nawr mae'r cyflwynydd teledu'n dweud bod yr enillydd wedi ennill dros bedair miliwn o bunnau.

'Duw annwyl!' mae Ceri'n sibrwd. 'Pedair miliwn. Dw i'n gyfoethog! Rhaid i mi ffonio rhywun i ddweud wrthyn nhw.' Ond mae ei phen yn troi. Ac mae hi'n crynu. Mae hi'n cerdded o gwmpas yr ystafell.

'Rhaid i mi fynd allan,' mae hi'n penderfynu. 'Af i am dro. Dydy hi ddim yn dywyll eto. Rhaid i mi gael awyr iach a cheisio meddwl yn glir, cyn i mi wneud unrhyw beth arall.'

Wedi gadael y tŷ mae Ceri'n cerdded yn gyflym i gyfeiriad yr afon. Mae popeth yn teimlo'n od ac yn afreal iddi hi. Ond wrth iddi hi gerdded trwy'r strydoedd cyfarwydd mae hi'n dechrau teimlo'n well.

'Pedair miliwn o bunnau,' mae hi'n meddwl unwaith eto. 'Dw i'n gallu gwneud unrhyw beth dw i eisiau.

does bosib	*surely*	i gyfeiriad	*in the direction of*
aildrefnu	*to rearrange*	afreal	*unreal*
cyflwynydd	*presenter*	cyfarwydd	*familiar*

Does dim rhaid i mi fynd i'r gwaith ddydd Llun, hyd yn oed! Ond af i i mewn i ddweud wrth bawb, wrth gwrs!' Ond wedyn mae hi'n sylweddoli pa mor od fasai hynny. Basai ei ffrindiau'n eistedd wrth eu desgiau yn gweithio fel arfer, ond basai Ceri mewn byd gwahanol. Fasai ei ffrindiau'n hapus drosti hi? Neu fasen nhw'n genfigennus? Efallai fasen nhw ddim eisiau bod yn ffrindiau â hi bellach! A beth fasai hi'i hun yn ei wneud wedyn? Mynd adre i eistedd yn y tŷ ar ei phen ei hun? Beth mae pobl gyfoethog yn ei wneud drwy'r dydd?

Mae Ceri'n cerdded heibio i'r castell nawr. Hen, hen gastell ydy e, a'i waliau trwchus wedi cwympo. Mae Ceri'n hoffi dod yma. Mae hi'n gallu teimlo hanes y lle. Mae hi'n hoffi dychmygu bywydau'r bobl oedd yn arfer byw yma. Ond dydy hi ddim yn stopio heddiw. Mae hi'n brysio ymlaen, yn meddwl am y bywyd newydd sy o'i blaen.

Ger y castell mae stryd o hen dai. Mae Ceri'n hoffi'r tai yma'n fawr iawn. Maen nhw'n bert, ond yn fach. Mae hi'n dechrau meddwl am brynu tŷ newydd. Basai gardd fawr gyda fe, a llawer o ystafelloedd. Basai golygfa fendigedig, a phwll nofio, hefyd, efallai!

'Ond ble basai'r tŷ?' mae hi'n meddwl. 'Faswn i ddim eisiau bod mewn lle dieithr, filltiroedd oddi wrth fy ffrindiau. Baswn i'n unig yng nghefn gwlad, mewn gwirionedd.' Wedyn mae hi'n cofio bod tai hyfryd ar gyrion y dre. Tai mawr, gyda gerddi hardd. Ond pa fath

---

hyd yn oed	*even*	dieithr	*strange*
yn genfigennus	*jealous*	ar gyrion	*on the outskirts*

o bobl sy'n byw yna? Dim pobl fel hi, mae Ceri'n siŵr. 'Na, faswn i ddim eisiau byw yno,' mae hi'n sylweddoli. 'O, dw i ddim yn gwybod!'

Erbyn hyn mae Ceri wedi cyrraedd yr afon. Mae hi'n dechrau cerdded ar hyd y lan, tua'r bont. Mae hi'n edrych ar y mynyddoedd cyfarwydd o gwmpas y dre. Maen nhw'n edrych yn hardd iawn ar noson braf fel hon.

'Dw i mor lwcus, yn byw mewn lle mor hyfryd,' mae hi'n meddwl. Mae hi'n penderfynu eistedd ar fainc ger yr afon i edrych ar yr olygfa a cheisio ymlacio.

'Pam dw i ddim yn cerdded yn y mynyddoedd y dyddiau 'ma?' mae hi'n gofyn iddi hi ei hun. Roedd hi'n arfer cerdded llawer cyn iddi hi gael y plant, mae hi'n cofio. Ond does dim byd i'w stopio hi, mewn gwirionedd.

'Dw i'n mynd i ddechrau cerdded eto,' mae hi'n penderfynu. 'Ac wedyn pryna i gamera a thynnu lluniau o'r mynyddoedd. Neu hyd yn oed eu peintio nhw!'

Nawr mae grŵp o bobl ifanc yn cerdded heibio, gan siarad yn uchel a chwerthin. Mae Ceri'n edrych ar y merched bywiog.

'Maen nhw mor hyderus,' mae hi'n meddwl. 'Ro'n i fel hynny, hefyd, pan o'n i'n ifanc. Ro'n i'n arfer teimlo fel taswn i'n gallu gwneud unrhyw beth. Ond dw i wedi colli'r hyder yna i gyd. Pryd? Ar ôl cael y plant, efallai? Neu pan adawodd Huw?'

glan (h.y. afon)	bank (i.e. river)		hyder / hyderus	confidence /
golygfa	view			confident
bywiog	lively			

71

Wrth feddwl am hyn mae Ceri'n dechrau sylweddoli ei bod hi wedi mynd ymlaen ers blynyddoedd heb stopio i feddwl beth roedd hi eisiau ei wneud gyda'i bywyd. Roedd hi'n teimlo'n ofnadwy pan dorrodd ei phriodas, a Huw yn gadael hi a'r plant. Ond nawr mae'r poen wedi mynd. Ac mae gyda hi amser iddi hi ei hun ar y penwythnosau pan mae'r plant yn aros gyda'u tad. Dydy hi ddim wedi mwynhau'r amser hynny'n fawr iawn hyd yn hyn, ond gallai hi. 'Dylwn i ddechrau gwneud pethau newydd,' mae hi'n dweud wrthi hi ei hun nawr. 'Dw i'n fwy na dim ond "Mam". Rhaid i mi fyw fy mywyd fy hun, hefyd!'

Mae Ceri'n dechrau teimlo'n oer. Mae'r haul wedi machlud ac mae'n mynd yn hwyr nawr. Mae hi'n codi a dechrau cerdded tua'r bont.

'Dylwn i fynd i'r coleg,' mae hi'n meddwl. 'Efallai baswn i'n magu'r hyder i wneud rhywbeth newydd wedyn.' Pan oedd hi yn yr ysgol roedd Ceri'n bwriadu mynd i'r coleg. Ond wedyn cwrddodd hi â Huw, a daeth y babi cyntaf.

'Gallwn i weithio'n rhan amser, a mynd i'r coleg hefyd,' mae hi'n penderfynu nawr. A dweud y gwir, dydy hi ddim yn deall pam doedd hi ddim wedi meddwl am wneud hynny o'r blaen. 'Ac mae pwll nofio yn y coleg!' mae hi'n meddwl. 'Gallwn i fynd yno gyda'r plant, ar ôl y gwaith.' Ond wedyn mae hi'n cofio. Fydd hi ddim yn mynd yn ôl i'r gwaith! Ac mewn gwirionedd does dim pwynt mynd i'r coleg nawr. Fasai hi ddim yn ffitio i mewn yno, chwaith. Mae hi'n filiynydd nawr!

Mae Ceri'n teimlo'n drist unwaith eto. Mae pethau mor gymhleth nawr. Mae ei bywyd hi'n mynd i newid cymaint. Beth mae hi'n mynd i wneud gyda'r holl arian? Mae gormod o benderfyniadau anodd i'w gwneud. A sut mae pobl eraill yn mynd i deimlo am y peth? Mae cymaint i boeni amdano.

Erbyn iddi gyrraedd y bont dros yr afon mae Ceri wedi blino. Ac mae hi'n teimlo fel tasai pwysau trwm ar ei hysgwyddau. Mae hi'n stopio a phwyso ar wal y bont. Mae hi'n tynnu ei thocyn Loteri o'i phoced er mwyn edrych arno fe unwaith eto. Mae'n anodd credu beth sy wedi digwydd iddi hi. 'Yr un rhifau dw i wedi'u dewis bob tro,' mae hi'n meddwl. 'Ond feddyliais i erioed basai ennill yn brofiad fel hyn . . .'

Mae Ceri'n edrych i lawr ar y dŵr yn llifo'n gyflym dan y bont. Mae'r tocyn loteri'n llithro o'i law.

'O!' Ond wrth weld y tocyn yn disgyn yn araf i'r dŵr islaw, mae hi'n gwenu. Ac mae hi'n dal i wenu wrth droi i ffwrdd a cherdded adre, a'i phen yn llawn cynlluniau ar gyfer y dyfodol.

---

cymhleth	*complicated*	llithro	*slip*
cymaint	*so much*	disgyn	*to descend*
ysgwydd(au)	*shoulder(s)*	islaw	*below*
digwydd	*to happen*	dal i wenu	*still smiling*
dewis	*to choose*	cynllun(iau)	*plan(s)*
llifo	*to flow*	dyfodol	*future*

CYFIAWNDER

Roedd y llys yn dawel ar ôl bore prysur. Ond doedd dim llawer o amser gyda Rhys i ymlacio a chael cinio. Roedd e wedi cytuno i gwrdd â grŵp o bobl ifanc o'r ysgol leol. Yn ystod y bore ro'n nhw wedi eistedd yn ei lys yn gwrando ar yr achosion. Dros amser cinio roedd e'n mynd i siarad â nhw am ei waith fel barnwr.

'Baswn i wedi hoffi'r cyfle i ymweld â llys a chwrdd â barnwr pan o'n i'n fachgen!' meddyliodd Rhys. Nawr roedd e'n mwynhau cwrdd a siarad â phobl ifanc.

Cyrhaeddodd y grŵp.

'Croeso!' meddai Rhys. 'Dewch i mewn.'

Eisteddodd y bechgyn a'r merched. Gwrandawon nhw gyda diddordeb wrth i Rhys ddisgrifio'i waith. Wedyn dechreuon nhw ofyn cwestiynau.

'Dych chi'n cael achosion o lofruddiaeth yn y llys yma?' gofynnodd un bachgen yn awyddus. Ar ôl llawer o gwestiynau eraill am y llys, troseddwyr a'r Gyfraith, gofynnodd un ferch gwestiwn mwy personol i Rhys.

'Pam penderfynoch chi fynd yn farnwr?'

'Wel, dechreuais i weithio fel cyfreithiwr yn y lle cyntaf, wrth gwrs,' atebodd Rhys. 'Ond ro'n i eisiau

cyfiawnder	*justice*	yn awyddus	*eagerly*
llys	*court*	troseddwr	*criminal*
achos(ion)	*case*	y gyfraith	*the law*
barnwr	*judge*	cyfreithiwr	*solicitor*
llofruddiaeth	*murder*	yn y lle cyntaf	*in the first place*

gweithio ym maes y Gyfraith achos fy mod i'n credu mewn chwarae teg. Mewn cyfiawnder. Ac ro'n i eisiau bod yn rhan o'r system sy'n ceisio gwneud yn siŵr bod pobl yn cael cyfiawnder. Ond dydy hynny ddim bob amser yn hawdd, wrth gwrs!' gwenodd Rhys.

Ar ôl i'r grŵp adael, meddyliodd Rhys eto am gwestiwn y ferch. Dechreuodd feddwl yn ôl i'w ddyddiau ysgol, pan benderfynodd e astudio'r Gyfraith. Roedd e wedi dweud y gwir pan ddwedodd e fod cyfiawnder yn bwysig iddo fe, hyd yn oed pan oedd e'n ifanc iawn. 'Ond pam?' gofynnodd iddo fe'i hun. Ond roedd e'n gwybod yr ateb yn barod. Pan oedd e'n blentyn ysgol roedd e ei hun wedi dioddef anghyfiawnder. Roedd Gary Jones wedi'i fwlio fe. Roedd y bachgen mawr, creulon wedi gwneud ei ddyddiau ysgol yn ddiflas iawn. Bob dydd ar ei ffordd i'r ysgol roedd ofn ar Rhys. Amser chwarae basai e'n ceisio cuddio. Ond basai Gary'n dod o hyd iddo fe ac yn ei fwrw a'i gicio, gan alw enwau cas arno. 'Snob!' 'Babi!' 'Sbastig!' 'Swot!' – roedd Rhys yn dal i gofio'r enwau creulon oedd wedi'i frifo cymaint. Weithiau basai Rhys yn teimlo fel dweud wrth yr athrawon am Gary. Ond roedd e'n ofni basen nhw'n dweud. 'Paid â chario clecs.' A doedd y plant eraill ddim yn gallu helpu. Roedd ofn Gary arnyn nhw, hefyd.

---

ym maes y . . .	*in the field of . . .*	bwlio	*to bully*
chwarae teg	*fair play*	creulon	*cruel*
astudio	*to study*	cymaint	*so much*
dioddef	*to suffer*	cario clecs	*tell tales*
anghyfiawnder	*injustice*		

'Tybed beth faswn i'n wneud nawr tasai hynny ddim wedi digwydd pan o'n i'n fachgen?' meddyliodd Rhys. Efallai basai e wedi bod yn ddyn busnes, neu'n athro?

'Dim diolch!' meddyliodd, gan chwerthin. Roedd e'n mwynhau'i waith fel barnwr. Fasai e ddim eisiau gwneud unrhyw waith arall.

Aeth y prynhawn heibio'n gyflym, ac am bedwar o'r gloch dechreuodd Rhys yrru adre. Roedd hi'n ddiwrnod hyfryd, ac roedd e'n edrych ymlaen at ymlacio yn yr ardd gyda'i wraig, Bethan. Yn sydyn cofiodd e fod ei ferch, Llio, yn dod adre o'r brifysgol am yr haf y noson honno. Gwenodd Rhys. Basai hi'n braf cael amser gyda Bethan a Llio dros yr haf. Ar ei ffordd adre gyrrodd e heibio i faes chwarae'r ysgol leol. Unwaith eto daeth atgofion diflas yn ôl o'i ddyddiau ysgol ei hun. Ond gwthiodd e'r atgofion i ffwrdd ac aeth yn ôl i feddwl am ei deulu a'r gwyliau haf.

Cyn bo hir cyrhaeddodd Rhys adre. Eisteddodd yn yr ardd gyda diod a dechrau ymlacio. Roedd yr adar yn canu'n braf ac roedd yr ardd yn llawn blodau hardd. Roedd e'n gallu gwynto'r rhosod. Roedd e'n hanner cysgu pan glywodd e lais yn galw arno fe.

'Dad! Ble rwyt ti?' Llais Llio oedd e, ac roedd hi'n cerdded ar draws y lawnt tuag ato fe.

'Llio! Rwyt ti'n gynnar,' dwedodd Rhys, gan gusanu ei ferch. 'Mae'n hyfryd dy weld di! Sut mae pethau?'

tybed	*I wonder*	cyn bo hir	*soon*
atgofion	*memories*	gwynto	*to smell*

Dechreuodd Llio siarad yn gyffro i gyd am ei bywyd newydd, ei ffrindiau, ei chwrs, a'r hwyl roedd hi'n ei gael yn y brifysgol. Roedd Rhys wrth ei fodd yn gwrando arni a gwylio ei hwyneb bywiog.

'Mae hi mor hapus,' meddyliodd Rhys. Roedd e wedi poeni am Llio pan aeth hi i ffwrdd i'r brifysgol ym Mangor. Doedd e ddim eisiau iddi hi deimlo'n ofnus nac yn unig yno. Dylai e fod wedi gwybod yn well! Roedd Llio'n wahanol iawn iddo fe.

'Doedd dim hyder 'da fi o gwbl,' cofiodd e nawr. 'Ro'n i'n ofni fy nghysgod fy hun.' Roedd e wedi bod yn fachgen swil, tawel pan aeth e i'r brifysgol. 'Roedd Gary Jones wedi gadael ei farc arno i!' meddyliodd. 'O wel. Roedd hynny i gyd amser maith yn ôl.' Ond roedd hi'n anodd peidio â meddwl am Gary. Ble roedd e nawr, tybed? Beth oedd e'n ei wneud? Yn rhedeg rhyw fusnes anonest, mwy na thebyg, ac yn gyrru o gwmpas mewn car mawr, *flash*. Ac yn gwneud bywyd yn ddiflas i rywun arall, siŵr o fod! 'Ond does dim ots amdano fe nawr, diolch byth!' meddyliodd Rhys. Cododd ac aeth i mewn i'r tŷ i gael swper, a'i ferch wrth ei ochr.

Nos Sul roedd Rhys yn ei stydi, yn paratoi am yr wythnos nesa yn y llys. Roedd e wedi cael penwythnos bendigedig gyda Bethan a Llio. Roedd y tywydd wedi bod yn braf iawn. Dydd Sadwrn ro'n nhw wedi chwarae tenis ac wedyn mynd allan i fwyta. Dydd Sul ro'n nhw

yn gyffrous	*excitedly*	hyder	*confidence*
bywyd	*life*	amser maith yn ôl	*a long time ago*
bywiog	*lively*	diolch byth!	*thank goodness!*

wedi gyrru allan o'r dre a mynd am dro yn y mynyddoedd. Roedd y tywydd yn glir a'r golygfeydd yn wych. Roedd y teulu i gyd wrth eu bodd.

Dim ond pythefnos o waith oedd ar ôl nawr cyn gwyliau haf y llys. 'Ac wedyn pedair wythnos i ymlacio a mwynhau!' meddyliodd.

Dechreuodd Rhys edrych ar ei bapurau ar gyfer yr wythnos nesa. 'Dim byd arbennig,' meddyliodd e. Bore Llun roedd e'n mynd i glywed achos o ladrad. 'Rhyw Lewis G. Jones wedi torri i mewn i dŷ rhywun arall.'

'Yr un hen stori eto, siŵr o fod!' meddai wrtho'i hun, gan anadlu'n ddwfn. 'Dyn wedi dod allan o'r carchar, ac ar ôl cwpwl o wythnosau, yn dechrau troseddu eto . . .' Sawl gwaith roedd e wedi delio â'r union sefyllfa hyn o'r blaen?

Weithiau basai Rhys yn gofyn iddo'i hun beth oedd pwynt anfon pobl i'r carchar. Doedd hynny ddim yn eu gwneud nhw'n bobl well, fel arfer. A dweud y gwir, meddyliodd e, roedd e'n gallu gwneud pethau'n waeth. Roedd hi'n anodd iawn i rywun oedd wedi bod yn y carchar gael swydd. Heb arian a gwaith, basen nhw'n troi at ladrata unwaith eto . . . Ond beth arall allai e, fel barnwr, ei wneud? Dim ond ceisio bod yn deg, meddyliodd Rhys. Gwthiodd y papurau'n ôl i'r ffeil a chodi. Aeth i gael diod a gwylio'r teledu gyda Bethan a Llio, cyn mynd i'r gwely.

---

golygfa (*ll.* golygfeydd)	*view*	carchar	*prison*
arbennig	*special*	yr union sefyllfa	*exactly the same*
lladrad	*burglary / theft*		*situation*

Bore Llun roedd y llys yn hanner gwag. Doedd dim achosion diddorol yn mynd ymlaen, felly doedd dim llawer o bobl yn y galeri cyhoeddus. Wrth i Rhys gerdded i mewn i'r llys safodd pawb ar eu traed. Dyn canol oed oedd y diffynnydd y bore 'ma, ond roedd e'n edrych yn hen. Roedd ei wyneb yn wyn ac roedd e'n nerfus iawn. 'Druan ag e!' meddyliodd Rhys. 'Dydy e ddim yn edrych yn iach o gwbwl.'

Dechreuodd yr achos. 'Lewis Gareth Jones!' dwedodd Clerc y Llys. Roedd Rhys yn edrych i lawr ar ei bapurau pan siaradodd y diffynnydd am y tro cyntaf. Ond yn sydyn aeth ias drwyddo. Edrychodd ar y dyn yn y doc.

'Does bosibl!' meddyliodd e. Ond y llais – roedd e'n swnio fel llais Gary Jones. Y llais oedd wedi codi cymaint o ofn arno fe, flynyddoedd yn ôl. Syllodd Rhys ar y dyn. Oedd hi'n bosibl taw'r un Gary Jones oedd hwn? Gary Jones y bwli mawr? Sut oedd y bachgen mawr, caled yna wedi troi i mewn i'r creadur truenus yma?

Roedd y diffynnydd yn edrych i lawr. Syllodd Rhys yn syth arno fe, ac aros. Yn araf, cododd Lewis Gareth (Gary) Jones ei ben. Am foment edrychodd y ddau ar ei gilydd. Cochodd Gary Jones hyd fôn ei glustiau ac yna trodd i edrych ar y llawr unwaith eto.

'Mae e'n fy adnabod i, felly,' meddyliodd Rhys. 'Ac mae e'n cofio . . . ac yn disgwyl cyfiawnder . . .'

---

cyhoeddus	*public*	swnio fel	*to sound like*
diffynnydd	*defendant*	codi ofn ar	*to frighten*
druan ag e!	*the poor thing!*	truenus	*pathetic, pitiful*
ias	*a shiver*	cochi	*to blush*

BAROD AM FWY O HER?

Nawr, beth am daclo nofel gyfan?
Mae Nofelau Nawr yn nofelau modern, wedi
eu hanelu at ddysgwyr uwch (*advanced*),
gyda geirfa ar bob tudalen i'ch helpu.

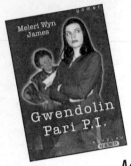

Dyma'r teitlau:
Delta Net
Cadwyn o Flodau
Coban Mair
Modrybedd Afradlon
Bywyd Blodwen Jones
Blodwen Jones a'r Aderyn Prin
Tri Chynnig i Blodwen Jones
Gwendolin Pari P.I.
Pwy Sy'n Cofio Siôn?
Clymau Ddoe
Chwarae Mig

Hefyd gan Lois Arnold:
e-ffrindiau